Maria Eigl

Seidenmalerei
Das Grundlagenbuch

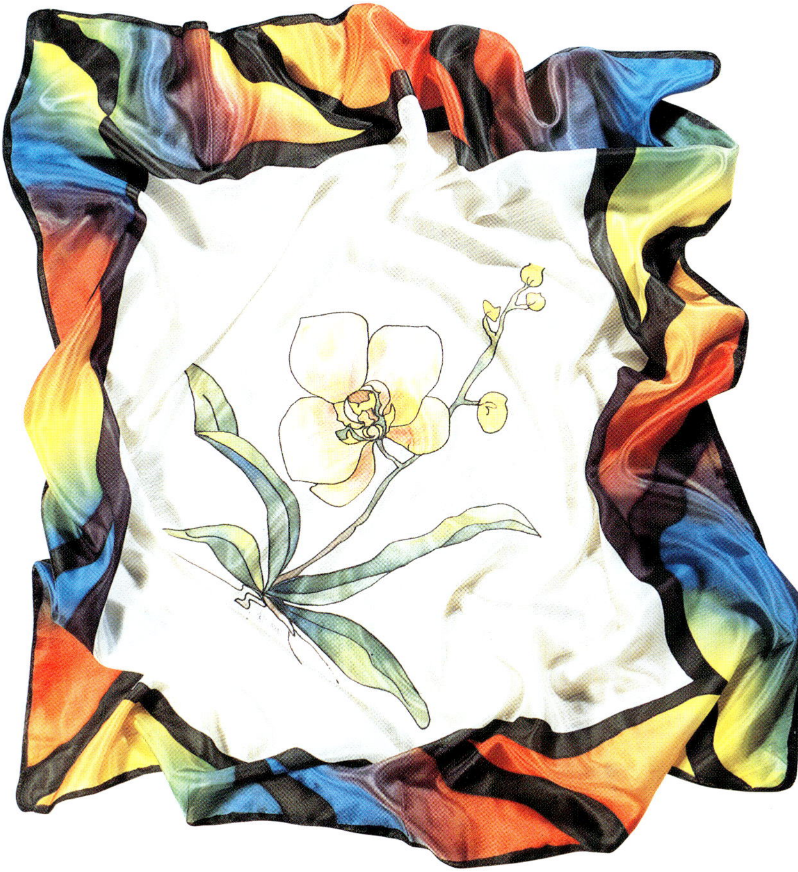

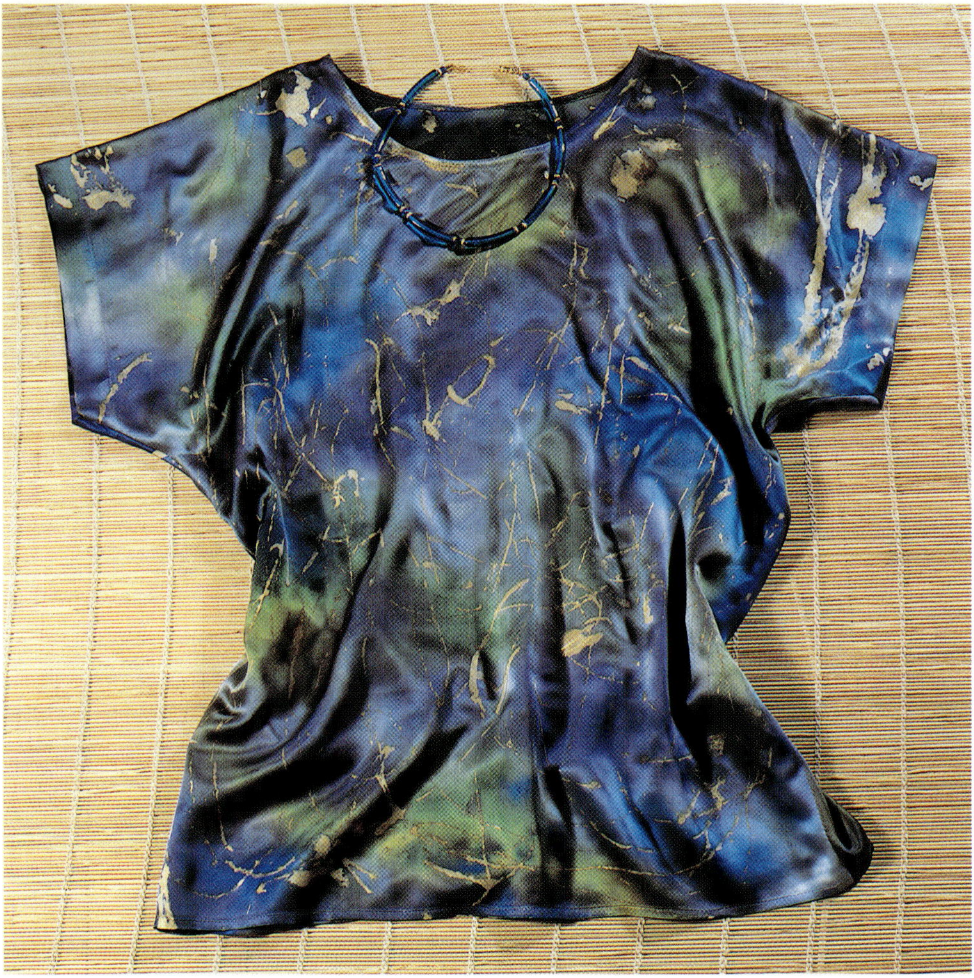

Die Deutsche Bibliothek – CIP-Einheitsaufnahme

Seidenmalerei: Das Grundlagenbuch / Maria Eigl. – Wiesbaden: Englisch, 1998
ISBN 3-8241-0829-1

© by Englisch Verlag GmbH, Wiesbaden 1998
ISBN 3-8241-0829-1
Fotos: Frank Schuppelius
Herstellung: Michael Feuerer
Printed in Spain

Inhaltsverzeichnis

6

Vorwort

Seidenmalerei ist ein faszinierendes Hobby, das zahlreiche Möglichkeiten bietet. Oft werde ich von Kunden gefragt, ob dieses Hobby auch etwas für Menschen wäre, die nicht so gut malen könnten. Dieses Talent ist bei der Seidenmalerei nicht unbedingt notwendig. Die verschiedenen Techniken, z. B. Salz-, Mikrowellen- und Knittertechnik, geben jedem die Möglichkeit, zum „Spielen mit Farben auf Seide". Aber auch für die, die sich intensiv mit dem Malen beschäftigen, bietet dieses Hobby mit verschiedenen Techniken wie z. B. der Gutta- und Aquarelltechnik faszinierende Möglichkeiten.

Dieses Buch soll Ihnen helfen, die Grundlagen der Seidenmalerei und ihre verschiedenen Techniken zu erlernen. Lassen Sie sich in die Zauberwelt der Farben und des edlen Materials Seide entführen. Sie werden selbst erleben, wie wohltuend und entspannend diese Art des kreativen Schaffens sein kann. Ich wünsche mir, Ihnen für dieses Hobby viele Anregungen und hilfreiche Tipps mit auf den Weg geben zu können.

Mein ganz besonderer Dank gilt meiner Familie, ohne deren Hilfe dieses Buch nicht möglich gewesen wäre.

Maria Eigl

Material und Werkzeug (Grundausstattung)

Als Grundausstattung benötigen Sie folgende Materialien, Hilfsmittel und Werkzeuge:

- ◆ Seide
- ◆ Steckrahmen oder Spannrahmen (stufenlos einstellbar)
- ◆ Klebeband
- ◆ Dreizackstifte, Nadeln oder Spannkrallen mit Gummi
- ◆ Seidenmalfarben
- ◆ Phantomstift, ein weicher Bleistift oder ein Signierstift
- ◆ Pinsel
- ◆ Mischpalette
- ◆ Pipetten
- ◆ Gutta oder Konturenmittel
- ◆ Guttafläschchen und Maldüse (Liner und Pen)
- ◆ Feuerzeug- oder Waschbenzin
- ◆ Alkohol
- ◆ Fön
- ◆ Küchenkrepp
- ◆ Schutzfolie
- ◆ altes Tuch
- ◆ Bügeleisen
- ◆ Feinwaschmittel
- ◆ Weichspüler
- ◆ Glas mit Deckel
- ◆ Wasserglas
- ◆ Schere
- ◆ Essig

Weitere Materialangaben finden Sie bei den jeweiligen Techniken und Beispielen.

Seidenstoffe

Seidenstoffe sind in verschiedenen Arten als Meterware, in Form von rollierten Tüchern oder auch als fertig konfektionierte Ware im Handel erhältlich. Seide unterscheidet sich durch die Feinheit des ausgesponnenen Fadens, ihre Bindungsart (Webart) und das Gewicht. Dies wird bei Seide in „Momme" gemessen, so wiegt z. B. Pongé 5 genau 5 „Momme", das entspricht 22 Gramm pro Quadratmeter. Als Webarten sind die Taftbindung, die Atlasbindung und die Körperbindung zu nennen. Nicht jede Seide eignet sich für die Seidenmalerei, folgende Seidenarten sind die gebräuchlichsten:

✦ **Pongé** oder **Habatoi** sind leichte und glatte Seidenstoffe, die Sie in den Stärken 5 bis 14 erhalten. Diese Seide eignet sich für alle Seidenmaltechniken. Gerade Anfänger bevorzugen diese Seidenart, da sie sehr preisgünstig ist, die Farbe auf dem Gewebe gut fließen kann und das Konturenmittel leicht eindringt.

✦ **Crêpe-de-Chine** ist in den Stärken 6 bis 16 erhältlich und eignet sich für alle Techniken, besonders jedoch für die Aquarelltechnik und das Bemalen von Kleidungsstücken. Das Gewebe zeichnet sich durch einen fließenden Fall, Knitterlosigkeit und eine matt glänzende Oberfläche aus. Die Leuchtkraft der Farben kommt bei diesem Material gut zur Geltung, jedoch erfordert das Anlegen von Farbverläufen etwas Übung, da Crêpe-de-Chine nicht so fließfreudig ist wie Pongé. Bei diesem Seidenstoff sollte das Konturenmittel möglichst dünn aufgetragen werden.

✦ **Crêpe Satin** hat eine stark glänzende Oberseite und eine matte, körnige Unterseite. Der Stoff ist weich, geschmeidig, knitterarm und eignet sich gut für alle Maltechniken, insbesondere für die Aquarelltechnik. Beim Arbeiten mit Konturenmittel muss man darauf achten, dass die Kontur nicht breit auseinander läuft.

✦ **Satin** ist ein glänzender Stoff, der überwiegend für Kleidungsstücke verwendet wird. Satinseide weist sehr gute Maleigenschaften auf. Die Seide hat eine stark glänzende Oberseite und eine matte Unterseite. Bei Satinseide kommt die Leuchtkraft der Farben sehr gut zur Geltung.

✦ **Seidentwill** hat eine feine, dichte Oberfläche, es weist einen schweren Fall und eine geringe Knitterneigung auf. Die Maleigenschaften sind relativ gut, besonders Farbverläufe gelingen sehr leicht.

✦ **Seidenchiffon** ist ein sehr dünnes, transparentes und weich fließendes Gewebe, das wenig knittert. Es eignet sich besonders für die Konturentechnik und einige experimentelle Techniken.

✦ **Crêpe Georgette** ist ebenfalls ein dünner, transparenter Stoff mit einer kreppartigen Struktur. Ebenso wie Chiffon weist diese Seide gute Maleigenschaften auf, jedoch sollte sie von Anfängern nicht unbedingt verwendet werden.

✦ **Bouretteseide, Doupion** und **Taffeta** sind die stärksten Seidenstoffe. Sie eignen sich nicht für die Konturentechnik und sollten auch eher von geübteren Seidenmalern verwendet werden. Bouretteseide ist ein rauhes, noppiges, glanzloses und zugleich strapazierfähiges Gewebe, das viel Farbe schluckt. Konturenmittel können nicht sehr gut in das Gewebe eindringen, Salzeffekte und das Malen mit Farbverdicker gelingen dagegen gut.

✦ **Jacquardseide** ist eine gemusterte Seide, die mit guten Maleigenschaften ausgestattet ist. Sie wird in vielen verschiedenen Musterungen angeboten. Je nach Lichteinfall entstehen Positiv-Negativ-Mustereffekte. Aufgrund der Muster und Ornamente sollten Farbverläufe unruhigen Salz- oder Guttaeffekten vorgezogen werden.

Pinsel

Im Handel werden Pinsel in vielen verschiedenen Sorten und Größen angeboten. Aus diesem Pinselsortiment den richtigen herauszufinden, ist gar nicht so einfach. Ein Seidenmalpinsel sollte in jedem Fall eine wichtige Eigenschaft besitzen: Er muss ausreichend Flüssigkeit aufnehmen, diese halten können und erst auf der Seide wieder abgeben.

Ich empfehle Kunsthaarpinsel mit einer feinen Spitze, die sich für alle Maltechniken verwenden lassen. Kunsthaarpinsel haben gegenüber Naturhaaren nicht nur den Vorteil, dass sie preiswerter sind, sondern sie sind auch nicht zu weich, sodass die Farbe gut in die Seide einmassiert werden kann. Zum Malen eignet sich ein Pinsel der Stärke 16 oder 20, für feine Arbeiten wird nur die äußerste Spitze des Pinsels in die Farbe getaucht. Sie können jedoch auch einen feineren Pinsel, z. B. mit der Stärke 0 und 7, hinzunehmen. Zum Grundieren benötigen Sie einen strapazierfähigen Seidenmalpinsel der Größe 30 oder einen flachen Ziegenhaarpinsel.

Tipp: Die gute Qualität eines Pinsels ist auch immer von der sorgfältigen Pinselpflege abhängig. Achten Sie darauf, dass Sie Ihren Pinsel niemals mit der Spitze nach unten in einem Wasserglas stehen lassen, sodass sich die Haare verformen oder abbrechen können. Waschen Sie den Pinsel nach dem Malen mit etwas Kernseife und spülen Sie ihn anschließend mit warmem Wasser gut aus. Es sollten möglichst keine Farbrückstände im Pinsel bleiben. Zuletzt wird der Pinsel auf einem Tuch abgetupft und die Haare mit den Fingern in Form gebracht.

Seidenmalfarben

Seidenmalfarben unterscheiden sich in erster Linie durch die Art ihrer Fixierung. Seit einiger Zeit gibt es neben den flüssigen Seidenmalfarben auch Seidenmalstifte und Wachsmalstifte auf dem Markt.

Bügelfixierbare Seidenmalfarbe

Bügelfixierbare Seidenmalfarben werden durch Bügeln wasch- und lichtecht. Die Farben sind nicht ganz so brillant wie die der dampffixierbaren Farben und die Seide wird durch das Bemalen etwas steif und hart. Bügelfixierbare Seidenmalfarben werden mit Wasser verdünnt und aufgehellt. Nach dem Bemalen und Trocknen wird die Farbe mit dem Bügeleisen auf der Rückseite der Seide fixiert, beim Bügeln von der rechten Seite würde das Konturenmittel am Bügeleisen hängenbleiben. Wenn die Farbe getrocknet ist, lässt sie sich nicht mehr anlösen, d.h. dass nach dem Trocknungsprozess keinerlei Veränderungen mehr vorgenommen werden können, da die Farbe schon zu 90 % fixiert ist. Aus diesem Grund ist diese Farbe auch nicht bei allen Maltechniken anzuwenden. Zudem lassen sich größere Flächen nicht sehr gut ausmalen, sie müssen mit Gutta in mehrere kleine Segmente unterteilt werden.

Dampffixierbare Seidenmalfarbe

Mit der dampffixierbaren Seidenmalfarbe können Sie alle Techniken ausführen. Durch die hohe Temperatur des Wasserdampfes beim Fixieren dringen die Farben in das Gewebe ein. Das hat zur Folge, dass die Seide ihre weiche Eigenschaft behält und die Farbtöne eine intensive Leuchtkraft erhalten. Dampffixierbare Seidenmalfarben enthalten neben Farbstoffen Wasser und Alkohol, folglich können sie auch mit Wasser oder Alkohol angelöst werden. Wichtig ist, dass die Farben so lange verändert werden können, solange die Seide nicht fixiert ist. Auf diese Weise können Fehler beim Malen ausgebessert werden. Die Seide wird zwar nicht wieder ganz weiß, jedoch kann die Farbe mit einem Entfärber vollständig entfernt werden. Wenn dampf- und bügelfixierbare Farben untereinander gemischt werden sollen, so müssen die Farben anschließend dampffixiert werden.

Seidenmalstifte und Seidenwachsmalkreiden

Seidenmalstifte sehen aus wie Filzstifte und sind sowohl mit dampffixierbarer als auch mit bügelfixierbarer Seidenmalfarbe nachfüllbar. Folglich sind Seidenmalstifte licht-,

wasch- und reinigungsecht und die bemalten Stoffe können je nach eingefüllter Farbe mit Dampf oder dem Bügeleisen fixiert werden. Zum Auffüllen der Stifte wird die hintere Kappe des Stiftes abgeschraubt und die Miene in die Farbe getaucht, bis sie sich vollgesogen hat. Zum Nachfüllen wird die Farbe mit einer Pipette eingefüllt.

Mit Seidenmalstiften lassen sich sehr gut Konturen ausmalen, jedoch lässt sich bei den Stiften nicht mit Wasser schattieren, d. h. der Farbton kann nicht mit Wasser aufgehellt werden. Seidenmalstifte eignen sich besonders für das Ausmalen kleiner Flächen, das Bemalen von Fensterbildern und Karten sowie für das Malen in der Bügeleisentechnik. Für Kinder sind Seidenmalstifte sehr viel leichter zu handhaben als Pinsel und flüssige Farbe. Seidenwachsmalkreiden sind gewöhnlichen Wachsmalkreiden sehr ähnlich und werden auch genauso gehandhabt. Die Kreiden sind sowohl als bügelfixierbare als auch als dampffixierbare Farben erhältlich.

Vor dem Fixieren muss der Wachsmalkreidestrich in die Seide eingefönt werden, sodass sich die Farbe mit der Seide verbindet. Wachsmalkreidestriche können wie Gutta- oder Konturenmittellinien die Farbe am Verlaufen hindern.

Konturenmittel und Gutta

Konturenmittel

Konturenmitttel ist ein auf Wasserbasis aufgebautes Begrenzungsmittel und somit mit Wasser verdünnbar. Das Konturenmittel ist eigens für bügelfixierbare Seidenmalfarbe entwickelt worden. Wenn Sie Konturenmittel mit dampffixierbaren Farben verwenden wollen, dann fixieren Sie diese vor dem Dampffixieren gut von der Rückseite bei mittlerer Hitze mit dem Bügeleisen. Alle Gegenstände, die zur Verarbeitung mit Konturenmittel benötigt werden, sind mit Wasser zu reinigen. Nur farblose Konturen lassen sich rückstandslos aus der Seide auswaschen. Erhältlich ist das Konturenmittel in verschiedenen Farben, einerseits in Gläsern zum Umfüllen, andererseits in Tuben mit integriertem Pen.

Gutta

Gutta ist ein benzinlösliches Begrenzungsmittel, das mit Feuerzeug- oder Waschbenzin verdünnbar ist. Gutta sollte eine Konsistenz wie Kaffeesahne besitzen, beim Arbeiten auf stärkerer Seide ist es notwendig, die Gutta mit Benzin zu verdünnen. Gutta muss vor dem Umfüllen immer aufgerührt und geschüttelt werden, besonders die Gold- und Silbergutta. Die Gutta sollte nach dem Gebrauch wieder in die Originalflasche gefüllt werden. Der jetzt

leere Liner (Kunststoffflasche mit der die Gutta auf die Seide aufgetragen wird) und der Pen werden in einem gut verschließbaren Schraubglas, welches ca. 2 cm hoch mit Feuerzeugbenzin gefüllt ist, aufbewahrt. Achten Sie darauf, dass in den Liner kein Benzin gelangt. Gutta gibt es ebenfalls in Tuben mit integriertem Pen.

Farbverdicker als Konturenmittel

Mit Hilfe von Farbverdicker können Sie eine dickflüssige Begrenzungsfarbe selbst herstellen. Dies hat den Vorteil, dass Sie nicht auf die gewöhnlichen Farben von Gutta oder Konturenmittel angewiesen sind, sondern eigene Farbmischungen erstellen können. Mischen Sie ca. drei Teile Farbverdicker mit einem Teil Farbe. Diese Farbe wird in einen Liner mit Pen gefüllt und ebenso wie Gutta verwendet. Nach dem Fixieren kann der Farbverdicker rückstandslos ausgewaschen werden; wenn Sie nur Farbverdicker ohne beigemischte Farbe auftragen, bleiben diese Stellen folglich nach dem Waschen weiß.

Kleine Farbenlehre

Ich empfehle, sich für den Anfang die Grundfarben Rot, Gelb und Blau sowie Schwarz, Grün und Violett anzuschaffen. Bei der Frage, welche Farben zusammenpassen, spielt natürlich der jeweilige Modetrend und der eigene Geschmack eine ausschlaggebende Rolle. Bei der Bemalung der einzelnen Seidenteile ist das Zusammenspiel der Farbtöne zum guten Gelingen entscheidend.

Um die Unsicherheit zu verlieren und ein Gefühl für die Farben zu erlangen, sollten Sie mit einer kleinen Farbübung beginnen. Erstellen Sie sich ein Farbdreieck aus den drei Grundfarben Rot, Blau und Gelb. Mischen Sie aus je zwei Farben des Dreiecks die Zwischentöne: Aus den Farben Rot und Blau entsteht ein Violettton, aus Blau und Gelb wird Grün und mit Gelb und Rot erhalten

Sie einen Orangeton. Wirkungsvolle Kontraste erhalten Sie durch die Komplementärfarben, d.h. neben die jeweilige Mischfarbe wird die nicht verwendete Grundfarbe gestellt: Zu Grün passt ein roter Farbton, die Farben Orange und Blau ergeben einen schönen Kontrast, ebenso Violett und Gelb.

Aufgehellt werden die einzelnen Farbtöne unter Zugabe von Wasser, abgedunkelt mit Schwarz und getrübt unter Zugabe der jeweiligen Komplementärfarbe. Nicht alle Farben sind untereinander gut mischbar.

Probieren Sie die Mischungsverhältnisse auf einem Musterläppchen aus und schreiben Sie sich die Mischungsverhältnisse unter den Farbauftrag, sodass Sie nachher wissen, mit welchen Farben Sie den Farbton gemischt haben.

Der Arbeitsplatz

Als Arbeitsplatz eignet sich grundsätzlich ein normal großer Tisch, den Sie vorher mit abwaschbarer Folie abdecken sollten. Schützen Sie Ihren Teppichboden ebenfalls mit Zeitungspapier oder Folie, da Textilfarbe auf Teppichböden schwer zu entfernen ist. Zum Schutz Ihrer Kleidung sollten Sie immer eine Schürze tragen. Achten Sie beim Malen auf eine optimale Arbeitshaltung, wenn Sie im Stehen malen, sollte der Tisch auf keinen Fall zu niedrig sein, so dass Sie keine gekrümmte Haltung annehmen müssen. Achten Sie ebenfalls darauf, dass Sie von allen 4 Seiten, mindestens jedoch von 3 Seiten um den Tisch herumgehen können. Bei größeren Arbeiten sollte man in jedem Fall stehen. Wichtig ist auch eine gute Beleuchtung des Arbeitsplatzes. Am idealsten ist sicherlich ein gutes Tageslicht, wobei das Licht beim Rechtshänder von links, beim Linkshänder von rechts oder direkt von vorne einfallen sollte, sodass lästige Schatten vermieden werden. Mit einer guten Lampe können Sie allerdings auch ohne Tageslicht arbeiten.

Vor- und Nachbereitung der Seide

Vorbehandlung der Scide

Um die verbleibende Appretur in der Seide zu entfernen, bereiten Sie sich handwarmes Wasser mit etwas Feinwaschmittel vor. Waschen Sie darin die Seide und spülen Sie diese anschließend gründlich mit klarem Wasser aus.

Drücken Sie die Seide gut aus und wickeln Sie sie, falls sie noch zu nass ist, in ein sauberes Handtuch. Drücken Sie die Seide nochmals gut aus. Anschließend wird die Seide mit dem Bügeleisen auf mittlerer Hitze trockengebügelt.

Aufspannen der Seide

Aufspannen auf einen Steckrahmen

Steckrahmen sind nur für kleine Seidenteile geeignet. Stecken Sie die vier Holzleisten an den Ecken zu einem Quadrat zusammen. Zum Schutz der Seide kleben Sie die Leisten vor jedem Aufspannen an der oberen Kante mit Klebeband ab. Die vorbehandelte Seide wird zuerst an allen vier Ecken mit Dreizackstiften festgesteckt. Einer der drei Zacken des Stiftes wird so in das Holz gesteckt, dass er den Rollsaum mitaufgreift, die zwei anderen Zacken werden ohne Seide in das Holz gedrückt. Um zu vermeiden, das an den Stellen, an denen die Seide befestigt wird, weiße Flecke entstehen, drücken Sie den ersten Zacken, der die Seide festhält, nicht ganz ein. Den zweiten und dritten Zacken können Sie fest ins Holz drücken. An der vierten Ecke müssen Sie vor dem Feststecken gut spannen. Spannen Sie die Seide jetzt in der Mitte der Leisten und stecken Sie diese mit einem Dreizackstift fest. Die weiteren Zwischenräume befestigen mit einem Abstand der einzelnen Stifte von ca. 5–7 cm. Die Seide ist gut gespannt, wenn Sie in der Mitte nicht durchhängt.

Aufspannen auf einen stufenlos-verstellbaren Rahmen

Zum Schutz des Rahmens und der Seide kleben Sie die Rahmenleisten vor dem Zusammenstecken mit Klebeband ab. Drehen Sie alle Flügelschrauben heraus. Die Steckschraube wird in den Gleitschlitz der zweiten Leiste gesteckt und mit der Flügelmutter festgehalten. So werden alle 4 Leisten zusammengesteckt. Schieben Sie den Rahmen mindestens 5 cm enger zusammen, als das Ausmaß der Seide, die Sie aufspannen möchten, ergibt. Die ersten vier Stifte werden jeweils auf das Leistenende gesteckt, in der sich die Steckschraube befindet. Die Ecke des Seidenstoffs sollte ca. 1 cm auf der anliegenden Leiste aufliegen, das erleichtert das spätere Nachspannen. Einer der drei Zacken eines Stiftes wird so in das Holz gesteckt, dass er den Rollsaum mitaufgreift, die zwei anderen Zacken werden ohne Seide in das Holz gedrückt. Um zu vermeiden, dass an den Stellen, an denen die Seide befestigt wird, weiße Flecken entstehen, drücken Sie den einen Zacken, der die Seide festhält, nicht ganz ein. Die nächsten zwei Zacken können Sie fest ins Holz drücken. Jetzt spannen Sie an jeder Leiste im Abstand von 7–10 cm die Seide mit den Dreizackstiften fest. Wenn alle Stifte eingesteckt sind, kontrollieren Sie noch einmal die Spannung und stellen den Rahmen gegebenenfalls etwas nach. Eine fest aufgespannte Seide ist für ein erfolgreiches Arbeiten unbedingt erforderlich.

Tipp: Ich spanne die Seide immer am senkrecht stehenden Rahmen auf und ab. Bei dieser Haltung des Rahmens wird einerseits das Aufspannen der Seide erleichtert, andererseits verhindert man beim Abspannen, dass die bemalte und noch empfindliche Seide mit eventuell auf dem Tisch befindlichen Wasser in Berührung kommt.

Übertragen der Vorlagen

Zum Übertragen der Vorlagen auf die Seide gibt es mehrere Möglichkeiten. Übertragen Sie die Malvorlage vom Vorlagebogen, indem Sie das Muster auf Transparentpapier abpausen. Kleben Sie diese Malvorlage mit mehreren Klebstreifen auf dem Tisch fest und legen Sie den Rahmen mit der aufgespannten Seide umgekehrt darauf. Achten Sie darauf, dass

Sie die Malvorlage in diesem Fall seitenverkehrt verwenden. Nun können Sie die Linien mit einem Phantomstift oder einem Bleistift nachzeichnen. Der Phantomstift hat den Vorteil, dass die Zeichnung innerhalb von 24 Stunden wieder verschwindet und Korrekturen mit einem feuchten Wattestäbchen leicht ausgeführt werden können. Anschließend wird der Rahmen umgedreht und die Linien können mit Gutta oder Konturenmittel nachgezogen werden.

Sie können jedoch auch die Seide direkt auf der Malvorlage mit Klebstoff befestigen und erst, nachdem die Linien nachgezeichnet wurden, die Seide auf den Rahmen aufspannen.

Wenn Sie wollen, können Sie auch die Seide auf den Rahmen aufspannen und die Malvorlage von hinten direkt an der Seide befestigen. Nachdem die Linien nachgezeichnet wurden, wird die Malvorlage wieder entfernt und die Konturen können mit Gutta oder Konturenmittel nachgezogen werden.

Fixieren

Dampffixieren

Wenn Sie mit dampffixierbaren Farben arbeiten, ist es am leichtesten, die Seide in ein Fachgeschäft zu bringen, das einen Fixierdienst anbietet. Um die Seide selbst fixieren zu können, benötigen Sie ein einfaches Fixiergerät, z. B. eines, das auf die Herdplatte gestellt wird. Die Seide wird mit Spezialpapier auf das dazugehörige Rohr des Gerätes aufgerollt. Dabei sollten Sie darauf achten, dass sich die Seide nicht berührt. Nach dem Aufrollen kleben Sie das Papier mit Klebstreifen gut fest. Füllen Sie nun Wasser bis zu der markierten Stelle ein und hängen Sie die Rolle ein. Fixieren Sie die Seide etwa 1 Stunde und behandeln Sie sie, wie auf Seite 16 f. angegeben, weiter.

Eine weitere Möglichkeit ist das Fixieren im Schnellkochtopf, mit dem sich kleinere Seidenteile fixieren lassen. Die bemalte Seide wird zusammen mit Papier aufgerollt. Hierfür eignet sich z. B. Zeitungspapier, das jedoch mindestens 14 Tage alt sein sollte. Achten Sie darauf, dass nie Seide auf Seide zu liegen kommt. Kleiden Sie den Boden und Rand des Siebes mit einer mehrlagigen Papierschicht aus und legen Sie die zusammengerollte Seide spiralförmig in das Sieb. Zum Schluss wird eine Schicht Papier auf die Seide gelegt und dann das Sieb, zum Schutz vor Kondenswasser, gut mit Alufolie abgedeckt. Füllen Sie nun das Wasser ein und stellen Sie das Sieb auf die Füßchen, sodass es nicht mit dem Wasser in Berührung kommt. Nun wird der Deckel geschlossen und die Seide 45 Minuten fixiert. Lassen Sie die Seide anschließend im Topf auskühlen und waschen Sie sie gleich danach aus.

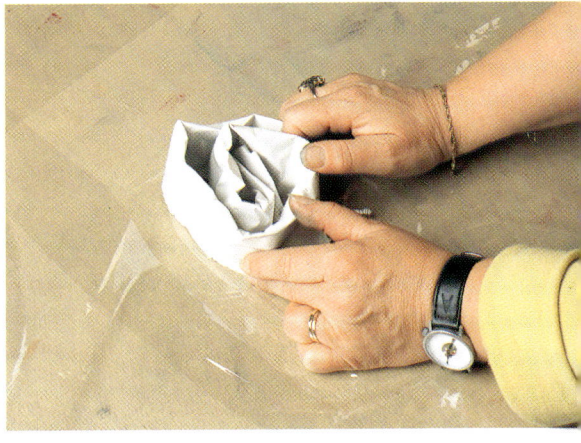

Bügelfixieren

Bügeln Sie die Seide von der linken Seite mit dem Bügeleisen auf der Einstellung „Baumwolle", je nach Größe des Seidenstücks, ca. 5 Minuten. Das Bügeln von der linken Seite ist ganz wichtig, denn wenn Sie ein Konturen-

mittel verwendet haben, würde beim Bügeln der rechten Seite das Konturenmittel am Bügeleisen kleben. Falls Sie mit farblosem Konturenmittel gearbeitet haben, fönen Sie das Seidentuch und waschen anschließend das farblose Konturenmittel heraus.

Nachbehandlung der Seide

Bei bügelfixierbaren Farben wird die Seide sofort nach der Fixierung, wie bei der Vorbehandlung, unter Zusatz von etwas Essig und Weichspüler gewaschen. Essig dient einer größeren Leuchtkraft der Farben, Weichspüler bewirkt, dass die Seide nicht elektrisiert und beim Tragen weicher fällt.

Bei dampffixierbaren Seidenmalfarben sollte die Seide nach Möglichkeit ein paar Tage ruhen. Waschen Sie sie dann, wie bei der Vorbehandlung beschrieben, aus. Manchmal blutet die Farbe stark aus, das kommt daher, dass die Seide während des Malens zu viel Farbe aufgenommen hat, die sie dann beim Waschen wieder abgibt. Wiederholen Sie den Spülvorgang so oft, bis keine Farbe mehr abgegeben wird. Beim letzten Spülgang geben Sie den Essig und den Weichspüler hinzu.

Wichtige Tipps und Tricks

✦ Voraussetzung für das gute Gelingen Ihrer Arbeit ist immer eine gut gespannte Seide.

✦ Mit einer Mischpalette haben Sie die Farben, die benötigt werden, immer griffbereit.

✦ Gehen Sie nicht mit dem trockenen Pinsel in die Farbe, sondern feuchten Sie ihn vorher leicht an. Nach dem Auswaschen sollten Sie den Pinsel immer zuerst auf einem Stück Küchenkrepp abstreifen, bevor Sie neue Farbe aufnehmen. Wenn Sie zuviel Farbe aufgenommen haben, können Sie die Farbe auf einem Stück Küchenkrepp abstreifen.

✦ Wenn Sie in einem Feld der noch nicht fixierten Seide einen Fehler verbessern wollen, müssen Sie das ganze Feld anfeuchten. Beim Ausbessern von Fehlern sollten Sie nicht zuviel Wasser verwenden, da das Wasser die Farbe an den Guttarand treibt und von dort die Farbe nicht mehr zurückgeholt werden kann.

✦ Wenn Sie aufgespannte Seide trockenfönen, sollten Sie mit dem Fön ständig über den rollierten Rand kreisen und zwischenzeitlich über das Mittelteil fönen.

✦ Um Trocknungsränder zu vermeiden, wischen Sie mit Küchenkrepp die bemalte nasse Seide am rollierten Rand rundherum ab und regulieren immer wieder die Spannung.

✦ Gezackte Randbildung lässt sich vermeiden, indem die Farbe statt mit Wasser mit Alkohol verdünnt wird. Mit Alkohol verdünnte Farbe eignet sich sehr gut zum Aquarellieren.

✦ Weiße Flecken am Rand können Sie mit Hilfe eines Bügeleisens ausbessern. Zum Schutz des Bügelbretts sollten Sie etwas Papier auflegen. Stellen Sie das Bügeleisen auf eine mittlere Hitze ein, bügeln Sie die Seide heiß und malen Sie mit dem Pinsel oder einem Seidenmalstift den Flecken vorsichtig aus. Durch die heiße Seide kann die Farbe nicht fließen.

✦ Vermeiden Sie bei Verwendung von bügelfixierbaren Farben das Ausmalen großer Flächen. Unterteilen Sie die Fläche in kleinere Segmente, feuchten Sie die Fläche vor dem Grundieren mit Wasser an und malen Sie zügig.

✦ Gutta lässt sich am besten mit einer chemischen Reinigung entfernen.

✦ Krawatten dürfen nicht trockengefönt werden, da das Vlies in der Krawatte immer wieder Feuchtigkeit abgibt.

Die Techniken

Salztechnik (für bügel- und dampffixierbare Farben geeignet)

Salz, das es in verschiedenen Körnungen gibt, besitzt die Eigenschaft, Feuchtigkeit anzuziehen. Streut man es auf die nasse Seide, so zieht es nicht nur das Wasser, sondern auch die darin enthaltenen Farbpigmente an. Dadurch entstehen helle Punkte auf der Seide, die interessante Muster und Gebilde entstehen lassen. Bei bügelfixierbaren Farben hinterlässt das Salz eine sehr helle, fast weiße Bahn und unter dem Salzkorn bildet sich ein kleiner dunkler Punkt.

Malen Sie mit einem Grundierpinsel die Farbe auf die aufgespannte Seide und streuen Sie auf die noch feuchte, aber nicht zu nasse Farbfläche einige Salzkörner auf.

Die Seide darf bei dieser Technik nicht gefönt werden. Sobald die Farbe getrocknet ist, können Sie das Salz abschütteln oder mit der Hand entfernen.

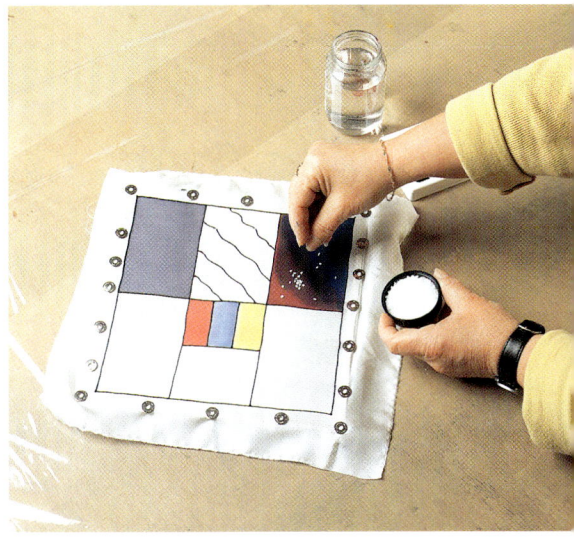

Sofern die Salzkörnchen noch nicht ganz mit Farbe vollgesaugt sind, können Sie sie nach dem Trocknen noch einmal verwenden, jedoch sollten diese Salzkörner nur auf dunkle Untergründe gestreut werden, ansonsten können die Salzkörner Farbspuren auf ihrer neuen Seidenarbeit hinterlassen.

Tipp: Salzstrukturen erzielen Sie am besten auf dunklen gemischten Farbtönen.

Wenn die Seide zu nass ist, ertrinken die Salzkörner und können keine Flüssigkeit mehr an sich ziehen.

19

Anwendungsbeispiel:
Tuch in Herbstfarben

Material
- Seidentuch Pongé 5, 90 x 90 cm
- grobkörniges Salz
- Seidenmalfarben in Gelb, Violett, Rot-braun, Hellgrün
- Appreturlöser zum Sprühen

Dieses Tuch ist in warmen Herbsttönen gehalten, Sie können aber auch andere Farben verwenden, jedoch sollten Sie nicht zu helle Farbtöne wählen. Für die Salzeffekte wurde sehr grobes Salz verwendet. Tragen Sie mit einem Grundierpinsel die vier Farben großzügig verteilt auf dem Tuch auf und streuen Sie, wie in der Anleitung S. 19 beschrieben, das Salz auf das Tuch auf. Übersprühen Sie nun das Tuch mit Appreturlöser, so erhalten Sie schönere und größere Punkte auf der Seide. Sobald die Farbe getrocknet ist, können Sie das Salz entfernen und das Tuch fixieren.

Wassertechnik (für dampffixierbare Seidenmalfarben geeignet)

Spannen Sie die Seide auf den Rahmen und wählen Sie zwei gut zueinander passende Farbtöne aus.

Verwenden Sie hierfür eher dunkle Farbtöne, am besten eignen sich Mischtöne mit einem Schwarzanteil. Malen Sie mit der einen Farbe mehrere ca. 8 cm breite Streifen diagonal auf das Tuch, lassen Sie dabei zwischen den Streifen einen Abstand von ebenfalls 8 cm Breite. Die jetzt weißen Streifen malen Sie mit der zweiten Farbe aus. Achten Sie darauf, dass diese nicht in die zuerst gemalte Farbe hineinfließt. Sie können dies vermeiden, indem Sie den Pinsel in der Mitte des Streifens entlangführen, bis die weißen Ränder ebenfalls ausgefüllt sind. Nachdem die Seide getrocknet ist, beginnen Sie mit der zweiten Malphase. Nehmen Sie mit einem Pinsel etwas Wasser auf und feuchten Sie die Streifen vorsichtig an, wobei nur die Pinselspitze die Seide berühren sollte. Die nun entstehenden Wasserränder ergeben den gewünschten Effekt. Anschließend können Sie die Seide trockenfönen.
Die Wassertechnik lässt sich auch gut auf dem rollierten Saum ausführen.

Wassertechnik: Streifenmuster

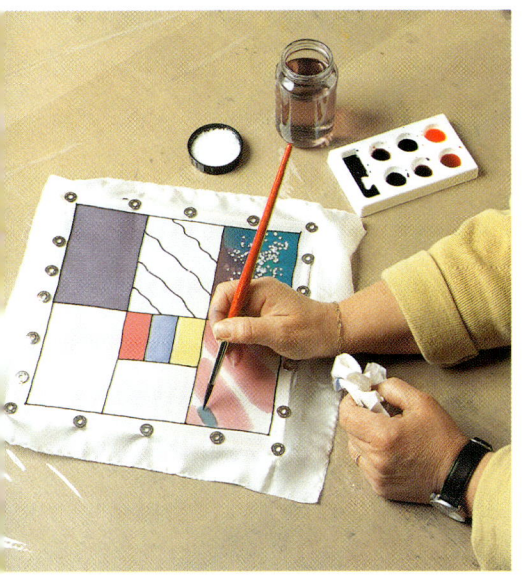

21

Wassertechnik: Muster mit Punkten

Mit dieser Technik lassen sich nicht nur Streifen, sondern auch Karos und viele andere Muster erstellen. Für das Karomuster wurden keine Farbflächen angelegt, sondern Farbpunkte unregelmäßig nebeneinander gesetzt.

Nach dem Trocknen werden mit einem feuchten Pinsel diagonale Streifen kreuzweise über das Feld gezogen. Das Muster mit Punkten entsteht, wenn Sie mit der feuchten Pinselspitze vorsichtig auf die bemalte Seide tupfen.

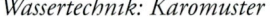

Wassertechnik: Karomuster

Anwendungsbeispiel:
Tuch Meereswelt

Material
✦ Seidentuch Crêpe-de-Chine 8, 90 x 90 cm
✦ Seidenmalfarben in Türkis, Blau, Anthrazit

Für dieses Tuch in der Wassertechnik wurden 3 verschiedenen Farben verwendet.

Malen Sie gemäß der Anleitung (S. 21 f.) mehrere türkisfarbene, ca. 8 cm breite Streifen diagonal auf das Tuch, lassen Sie dabei zwischen den Streifen ebenfalls einen Abstand von 8 cm. Die jetzt weißen Streifen malen Sie mit der blauen und der anthrazitfarbenen Farbe aus, die blauen Streifen sind etwas breiter.

Achten Sie darauf, dass diese nicht in die zuerst gemalte Farbe hineinfließt. Nachdem die Seide getrocknet ist, feuchten Sie die Streifen vorsichtig mit der Pinselspitze an. Zuletzt wird die Seide trockengefönt und fixiert.

Malen von Farbübergängen (für dampffixierbare Farben geeignet, für bügelfixierbare Farben bedingt geeignet)

Spannen Sie die Seide auf und tragen Sie eine Farbe möglichst in der geraden Richtung des Fadenlaufs auf. Beginnen Sie nun mit dem Auftrag der zweiten Farbe in der ersten Farbfläche und verstreichen Sie die Farbe bis hin zur Mitte der ersten Farbfläche, sodass ein weicher Farbübergang entsteht.

Beginnen Sie nun mit dem Auftrag der dritten Farbe in der zweiten Farbfläche und verstreichen Sie wieder die Farbe bis hin zur Mitte. Nun wird der Pinsel ausgewaschen und die Farbübergänge werden noch einmal mit dem sauberen Pinsel übermalt und einmassiert.

Bei bügelfixierbaren Seidenmalfarben ist dies nicht möglich, da die Seide nach dem Trocknen so gut wie fixiert ist und folglich keine Veränderungen mehr möglich sind.

Hier können Sie sich helfen, indem Sie die Seide vor dem Malen ganz leicht mit einem sauberen Pinsel anfeuchten und dann so zügig arbeiten, dass die Seide nicht trocken wird.

Farbübergang mit 2 Farben

Farbübergang mit 3 Farben

Tuch in Frühlingsfarben

Material
◆ Seidentuch Pongé 5, 90 x 90 cm
◆ Seidenmalfarben in Blau, Hellgrün, Gelb und Orange

Spannen Sie die Seide auf und beginnen Sie mit einem in einem Bogen verlaufenden Streifen in einer Ecke des Tuches (siehe Anleitung S. 24). Tragen Sie unmittelbar daneben die nächste Farbe auf, malen Sie dabei immer in einer Richtung, wobei der Bogen der Streifen immer größer werden sollte. Arbeiten Sie so mit sich abwechselnden Farben Streifen für Streifen und vergessen Sie nicht, den Rollsaum gut mit Farbe zu tränken, damit auf der Rückseite des Tuchs keine weißen Stellen entstehen. Um weiche Übergänge zwischen den Farben zu erzielen, sollten Sie mit dem feuchten Pinsel ohne Farbe in Malrichtung über diesen Farbübergang leicht reiben.

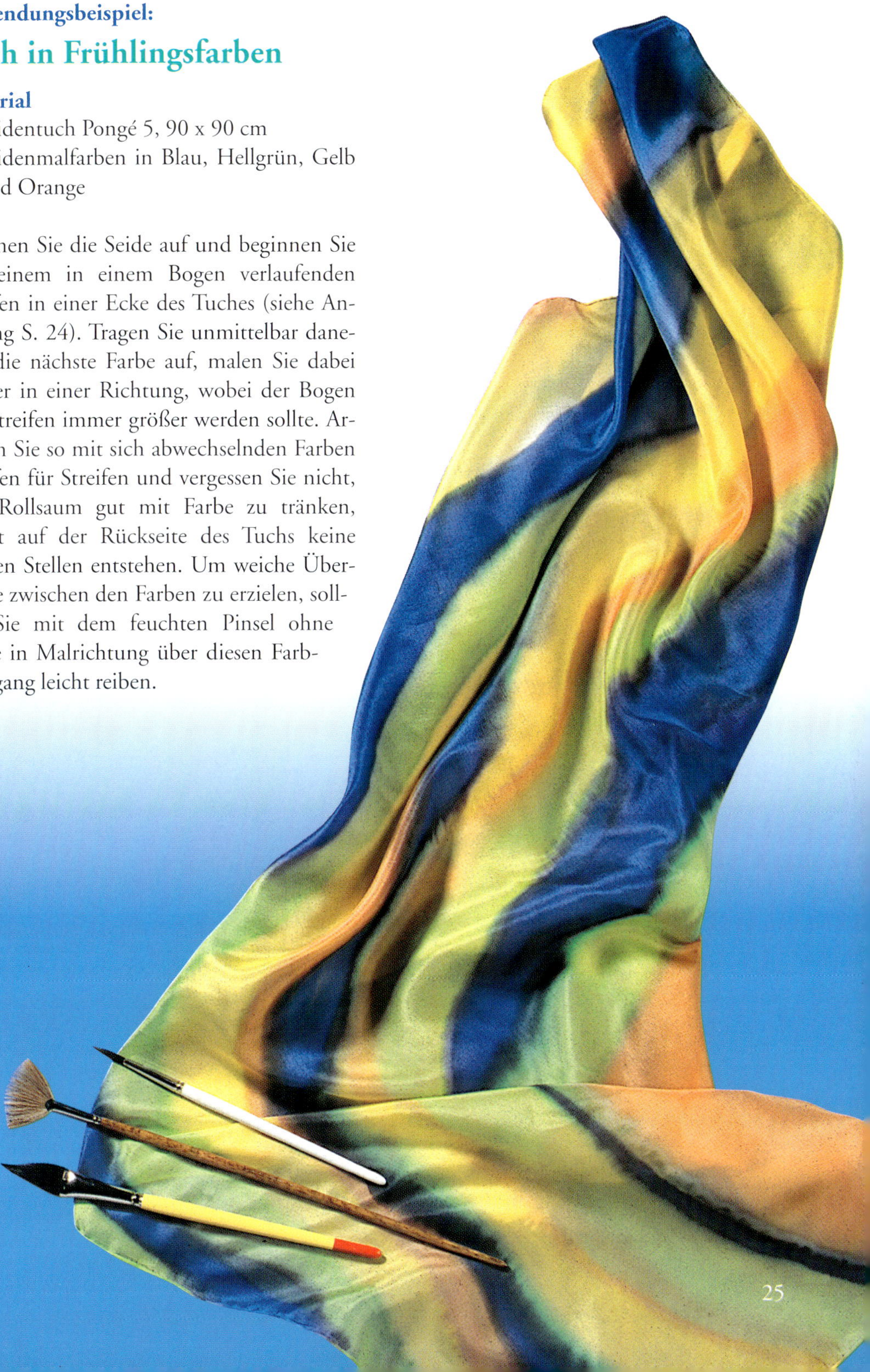

Knittertechnik (für bügel- und dampffixierbare Farben geeignet)

Breiten Sie eine Kunststofffolie auf dem Tisch bzw. auf Ihrer Malunterlage aus. Tauchen Sie nun die Seide in Wasser und drücken Sie sie anschließend aus. Legen Sie die feuchte Seide locker auf die Malunterlage. Die Seide wird entweder zusammengeschoben, in Streifen gelegt oder über das ganze Tuch verteilt zu kleinen spitzen Hütchen gedreht.

Nun können Sie die Farben mit einer Pipette auf die Seide tropfen oder mit dem Pinsel auftragen. Beginnen Sie mit dem hellsten Farbton und bedenken Sie bei der Farbwahl, dass die Farben auf der feuchten Seide ineinander fließen und sich miteinander vermischen. Nach dem Auftragen aller Farben fönen sie die Seide vorsichtig trocken.

Ist die Seide nach dem Trocknen verknittert, so sollten Sie diese vor dem Fixieren unbedingt bügeln.

Anwendungsbeispiel:

Sonnenblumentuch

Material

✦ Seidentuch Crêpe Georgette 8, 90 x 90 cm
✦ Seidenmalfarben in Dunkelblau, Moosgrün, Gelb, Orange

Bereiten Sie, wie in der Anleitung beschrieben, eine Kunststofffolie auf dem Tisch bzw. auf Ihrer Malunterlage aus. Darauf legen Sie die feuchte Seide und drehen über das ganze Tuch verteilt kleine spitze Hütchen. Tröpfeln Sie nun mit der Pipette oben auf die Spitze eines Hütchens zuerst Orange, anschließend Gelb und um die Hütchen herum Moosgrün und Blau. Sie können die Farbe auch mit dem Pinsel auftragen. Anschließend wird vorsichtig trockengefönt und fixiert.

Mikrowellentechnik (nur für dampffixierbare Farben geeignet)

Tauchen Sie die unbehandelte Seide in Essigwasser, wringen Sie sie aus und falten Sie das Tuch zweimal zusammen. Die Seide kann entweder mit dem Pinsel bemalt oder mit der Pipette in Streifen mit zwei oder mehreren Farben beträufelt werden. Danach drehen Sie die Seide um und malen die noch weiß gebliebenen Stellen nach. Jetzt benötigen Sie Schutzhandschuhe, um die Seide zusammendrehen zu können. Am besten geht dies zu zweit, Sie können die Seide aber auch alleine drehen. Breiten Sie die Seide aus und raffen Sie sie von zwei Seiten zur Mitte. Drehen Sie nun die Seide solange, bis sie beginnt, sich um sich selbst zu drehen. Legen Sie das ganze dann auf einen, mit einem Stück Küchenpapier ausgelegten Mikrowellen-Teller und decken Sie die Seide mit einem zweiten Teller ab. Fixieren Sie anschließend das Tuch 4 Minuten bei 600 Watt in der Mikrowelle. Die Seide darf beim Fixieren nicht trocken sein, da sonst das Seidentuch verbrennen kann.

Anwendungsbeispiel:

Tuch in Blau

Material

- ✦ Seidentuch Pongé 6, 90 x 90 cm
- ✦ dampffixierbare Seidenmalfarben in Blau und Sand
- ✦ Essig
- ✦ Schutzhandschuhe

Die grünen Farbeffekte entstehen bei diesem Tuch durch die Mischung der beiden Farben Blau und Sand.

Legen Sie, wie in der Anleitung beschrieben, die Seide zweimal zusammen und bemalen Sie sie in Streifen mit den zwei Farben. Danach drehen Sie die Seide um und malen die noch weiß gebliebenen Stellen nach.

Verfahren Sie nun gemäß der Anleitung und fixieren Sie die Seide schließlich in der Mikrowelle.

Anwendungsbeispiel:

Buntes Streifentuch

Material

- Seidentuch Pongé 5, 90 x 90 cm
- dampffixierbare Seidenmalfarben in Blau, Sand, Rot, Grün
- Essig
- Schutzhandschuhe

Falten Sie das Tuch wie in der Anleitung (s. S. 28) beschrieben und tragen Sie die Streifen in beliebiger Reihenfolge auf. Statt Sand können Sie auch einen frischeren Gelbton verwenden.

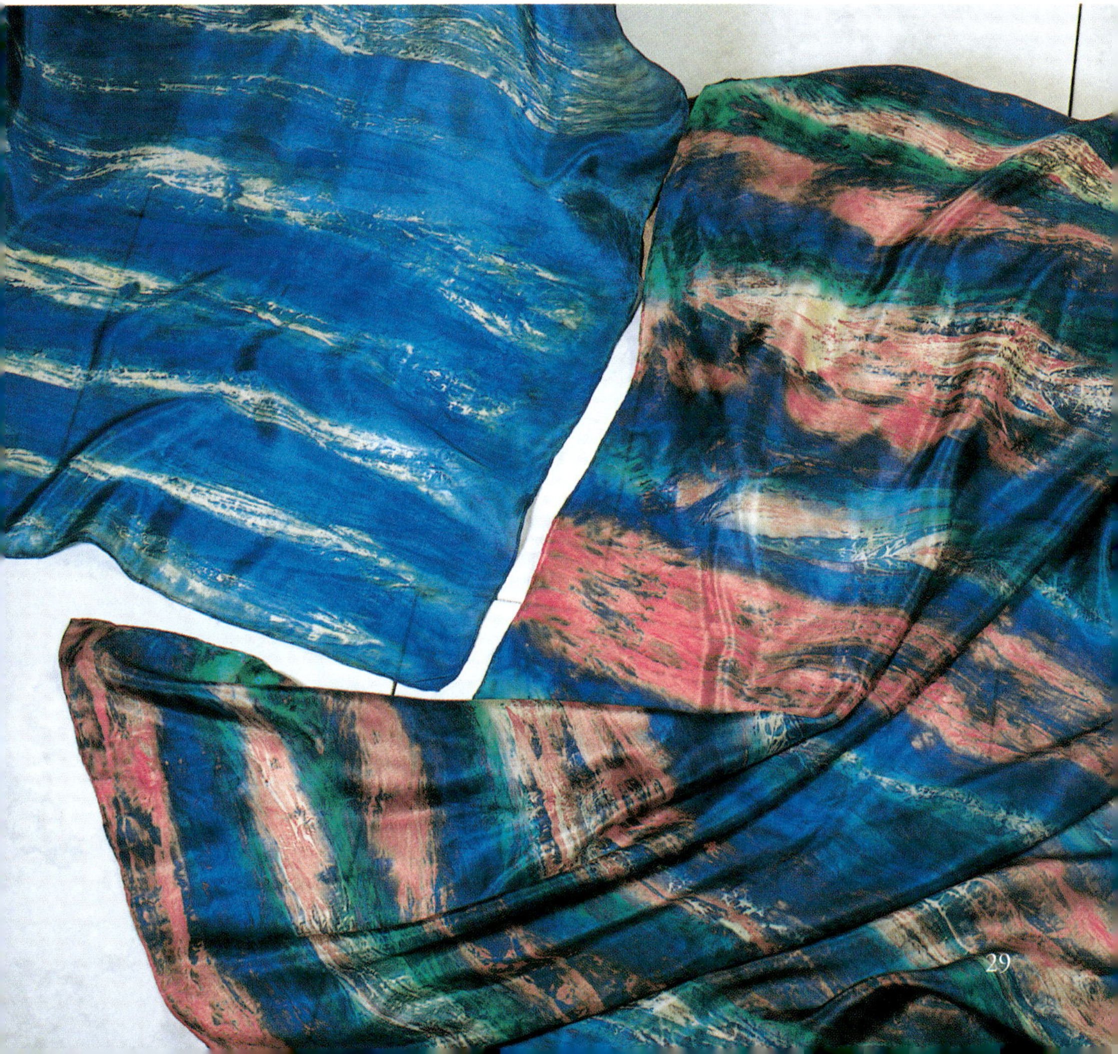

Bügeleisentechnik
(für bügel- und dampffixierbare Farben geeignet)

Spannen Sie die Seide auf den Rahmen und malen Sie in verschiedenen Farben Farbflächen und Linien. Die Farben sollten nach Möglichkeit nicht ineinander laufen. Spannen Sie die Seide nach dem Trocknen ab. Für den weiteren Malvorgang benötigen Sie eine Bügelunterlage, weißes Papier zum Unterlegen, ein Bügeleisen und einen feinen Pinsel Stärke 7. Verwenden Sie dunkle Seidenmalfarben wie z. B. Schwarz, Dunkelblau und Braun. Stellen Sie das Bügeleisen auf eine mittlere Hitze ein und breiten Sie die Seide auf dem Papier aus. Nun wird ein Stück Seide heißgebügelt und mit der Seidenmalfarbe werden Linien gemalt, die, solange die Seide heiß ist, während des Malens nicht verlaufen können. Durch die Hitze wird die Farbe am Fließen gehindert. Besonders gut gelingt das Malen der Linien

mit Seidenmalstiften. Diese Technik eignet sich vor allem für sehr kleine Tücher, Krawatten sowie zum Ausbessern von Fehlern.

Anwendungsbeispiel:

Taschentuch

Material
+ Seidentuch Pongé 5, 28 x 28 cm
+ Seidenmalfarben in Blau, Grün, Schwarz

Mischen Sie sich zuerst aus den 3 Farben eine Mischfarbe, sodass Sie 3 Farben für die Flächen und Schwarz für die Linien zur Verfügung haben.
Malen Sie die drei verschiedenen Farben in Farbflächen auf das Tuch, achten Sie darauf, dass die Farben nicht ineinander laufen. Nach dem Trocknen wird die Seide heißgebügelt und mit einem Pinsel werden die Linien aufgetragen.

Wachstechnik (für dampffixierbare Seidenmalfarben geeignet)

Die Wachstechnik ist eine Reserviertechnik, das heißt, dass dort, wo heißes Wachs aufgetragen wird, keine Farbaufnahme mehr erfolgt.

Auf die aufgespannte Seide können entweder eine Grundierung mit hellen Farben, Farbkleckse oder gezielte Untergrundmalerei aufgetragen werden, z. B. Blüten und Blätter. Nun wird das Batikwachs in einer Konser-

vendose im Wasserbad auf Stufe 2 der Herdplatte erhitzt. Wenn das Wachs ganz klar und flüssig ist, ist die richtige Temperatur erreicht. Benutzen Sie hierfür einen Borstenpinsel in Katzenzungenform. Auf die schon trockene Farbe wird das heiße Wachs mit dem Pinsel nach dem gewünschten Muster aufgetragen.

Nachdem das Wachs abgekühlt ist, wird über die ganze Fläche der Seide noch einmal ein dunkler Farbauftrag vorgenommen. Die Farbe, die auf dem Wachs abperlt, wird anschließend mit Küchenkrepp abgewischt. Zuletzt wird die getrocknete Seide dampffixiert, während dieses Vorgangs wird gleichzeitig das Wachs aus der Seide entfernt.

Anwendungsbeispiel:

Blumentuch

Material
✦ Seidentuch Pongé 6, 90 x 90 cm
✦ Batikwachs
✦ Seidenmalfarben in Blau, Grün, Rot und Gelb

Malen Sie mit Rot, Grün und Gelb über das Tuch verteilt Blumen und etwas verstreut zwischen den Blumen kleine grüne Blätter. Nun wird das flüssige Batikwachs (siehe Anleitung) mit einem Borstenpinsel auf die schon trockene Farbe aufgetragen, malen Sie zusätzlich noch ein paar Striche mit Wachs, sodass das Tuch eine lebhafte Wirkung erhält. Nachdem das Wachs abgekühlt ist, wird über die ganze Fläche der Seide blaue Farbe aufgetragen. Wischen Sie die Farbe, die auf dem Wachs abperlt, ab und fixieren Sie die getrocknete Seide. Dabei wird auch das Wachs aus der Seide entfernt. (Abbildung auf S. 32)

Anwendungsbeispiel:

Tuch Freie Linien

Material

- ✦ Seidentuch Pongé 8, 90 x 90 cm
- ✦ Batikwachs
- ✦ Seidenmalfarben in Blau, Grün, Rot, Weinrot, Violett, Beige, Gelb und Schwarz

Bemalen Sie das Tuch mit vielen bunten Farbflächen und lassen Sie die Farben trocknen. Nun werden mit dem flüssigen Batik-wachs (siehe Anleitung S. 31) mit Hilfe eines Borstenpinsels Striche kreuz und quer auf das Tuch gemalt, um eine lebhafte Wirkung zu erzielen.

Nachdem das Wachs abgekühlt ist, wird die Seide mit schwarzer Farbe übermalt. An den Stellen, wo Sie Wachs aufgetragen haben, bleiben die farbigen Striche stehen. Wischen Sie die schwarze Farbe, die auf dem Wachs abperlt, mit Küchenkrepp ab und fixieren Sie die getrocknete Seide. Gleichzeitig wird das Wachs entfernt. (Abbildung auf S. 33)

33

Sprühtechnik (Spritztechnik)
(für dampffixierbare Seidenmalfarben geeignet)

Die Sprüh- oder Spritztechnik eignet sich für Untergründe, die nicht gleichmäßig eingefärbt sein sollen. Bei dieser Technik empfiehlt es sich, dampffixierbare Farben zu verwenden, da Flecken, die beim Sprühen entstehen könnten, mit bügelfixierbaren Farben nicht mehr entfernt werden können.

Spannen Sie die Seide auf und füllen Sie die Seidenmalfarbe in eine Sprühflasche. Pumpen Sie nun mit der Pumpvorrichtung Luft in die Flasche und wiederholen Sie diesen Vorgang einige Male. Nun sprühen Sie die Farbe mit genügend Abstand (ca. 30 cm) auf die Seide. Gehen Sie sparsam mit dem Sprühen um, sonst läuft die Farbe zu Flecken zusammen. Mit Schablonen verschiedenster Art können auch Muster gesprüht werden. Diese Technik lässt sich hervorragend als Untergrund verwenden und mit anderen Techniken, z. B. dem Malen mit Wachsmalstiften, kombinieren.

Anwendungsbeispiel:

Tuch mit Mustern und Ornamenten

Material
+ Seidentuch Pongé 6, 90 x 90 cm
+ Seidenmalfarben in Weinrot, Schwarz, Hell- und Dunkelorange
+ Sprühflasche

Spannen Sie die Seide auf und füllen Sie die Seidenmalfarbe in Hellorange in eine Sprühflasche. Sprühen Sie nun, gemäß der Anleitung, die Farbe mit genügend Abstand auf die Seide, lassen Sie dabei auch ein paar Stellen weiß, andere wiederum sollten mit mehr Farbe übersprüht werden, sodass die Farbe nicht einheitlich verteilt ist. Nun können Sie mit dem Pinsel Kreise, kleine Kreuze, Vierecke und Striche sowie andere Muster über das Tuch verteilen.

Malen mit Seidenwachsmalkreide
(für bügel- und dampffixierbare Farben geeignet)

Mit Wachsmalstiften lassen sich Konturen-linien malen, sie eignen sich aber ebenso zum Strukturmalen und zur Motivbemalung. Legen Sie den bespannten Rahmen mit der Seide nach unten auf eine glatte Unterlage. Um schöne Effekte zu erzielen, können Sie zwischen die Seide und die Unterlage Well-pappe, Strukturtapete oder ähnliche Materialien schieben. Reiben Sie nun mit dem flachen Wachsmalstift über diese Fläche. Zusätzlich können Konturenlinien und Flächen über die Seide verteilt gemalt werden. Dre-

hen Sie jetzt den Rahmen wieder und fönen Sie die Wachsstiftlinien und -flächen in die Seide ein. Die freien Felder können zusätz-lich mit Seidenmalfarbe und Pinsel ausge-malt werden.

Anwendungsbeispiel:
Abstraktes Tuch in Blau-Grün

Material
- ✦ Seidentuch Pongé 5, 90 x 90 cm
- ✦ Seidenwachsmalstifte in Grün, Gelb und Blau
- ✦ Seidenmalfarben in Grün, Blau und Dunkelblau

Bei diesem Tuch wurde zuerst in der Sprüh-technik mit wenig Farbe ein Untergrund ge-arbeitet. Legen Sie nun unter die Seide Well-pappe, malen Sie mit Wachsmalkreiden Rechtecke und Zacken auf die Fläche und fül-len Sie die Flächen aus, indem Sie mit der brei-ten Seite der Kreide über die Fläche reiben. Drehen Sie den Rahmen um und malen Sie mit dem Pinsel die kleineren Segmente aus.

Auftragen einer Farbgrundierung (für dampffixier-
bare Farben geeignet; für bügelfixierbare Farben bedingt geeignet)

Diese Technik eignet sich vor allem für dampffixierbare Seidenmalfarbe. Da bügelfixierbare Farbe sehr schnell trocknet und dann nicht mehr zu verändern ist, sollten Sie nicht so große Farbflächen grundieren, sondern diese in kleinere Segmente einteilen. Spannen Sie die Seide auf und bereiten Sie sich genügend Farbe für die Grundierung vor. Ein Nachmischen sollte vermieden werden, da der exakte Farbton bei nochmaligem Mischen kaum getroffen wird.

Mit einem großen Grundierpinsel wird nun die Farbe aufgetragen, dies kann ein- oder mehrfach erfolgen. Verwenden Sie bei einer Grundierung möglichst helle Farbtöne. Das

Auftrag der zweiten Farbe in der ersten Farbfläche und verstreichen Sie die Farbe bis hin zur Mitte dieser Farbfläche.

Wenn diese Arbeit beendet ist, wird mit dem sauberen Pinsel noch einmal die Farbe über die ganze Fläche von einer Seite zur anderen

kreisförmig einmassiert. Bei bügelfixierbaren Seidenmalfarben ist dies nicht möglich, da die Seide nach dem Trocknen so gut wie fixiert ist und folglich keine Veränderungen mehr möglich sind.

Hier können Sie sich helfen, indem Sie die Seide vor dem Malen ganz leicht anfeuchten und dann so zügig arbeiten, dass die Seide nicht trocken wird.

Um Trockenränder am äußeren Rand zu vermeiden, wischen Sie mit etwas Küchenpapier den rollierten Rand rundherum ab.

Achten Sie während des Trocknens auf die Spannung der Seide, gegebenenfalls muss der Rahmen etwas gelockert oder nachgespannt werden.

Bemalen ist in der geraden Richtung des Fadenlaufs einfacher als über die Diagonale. Wenn Sie zwei Farben benutzen und einen weichen Übergang der Farben erzielen wollen, tragen Sie zuerst die eine Farbe über die Hälfte der Fläche auf, beginnen Sie mit dem

Gutta- oder Konturentechnik
(für bügel- und dampffixierbare Seidenmalfarben geeignet)

Malen der Konturenlinien

Mit Gutta bzw. Konturenmittel werden Abgrenzungslinien auf der Seide gezogen, d.h. die Seidenmalfarbe kann sich nicht unkontrolliert ausbreiten. Die Gutta- bzw. Konturmittellinien müssen folglich absolut geschlossen sein. Hierbei ist ein präzises Arbeiten unbedingt erforderlich, denn ein einziger unbegrenzter Seidenfaden reicht aus, die Farbe durchfließen zu lassen. (Im Folgenden wird ausschließlich der Begriff Gutta verwendet, die Angaben beziehen sich jedoch gleichermaßen auf Gutta und Konturenmittel). Zum Auftragen der Gutta benötigen Sie einen Liner (Kunststoffflasche) und einen Pen (Metalldüse), der in der Stärke 0,3 – 0,9 mm erhältlich ist. Die gebräuchlichsten sind 0,5 und 0,7 mm. Ziehen Sie lieber eine breitere Guttalinie als eine dünne, bei der die Farbe an vielen Stellen durchfließt. Vor dem Umfüllen in den Liner muss die Gutta gut geschüttelt und aufgerührt werden. Schneiden Sie am Liner ein Stück der Spitze ab und schrauben Sie den Pen darauf. Lassen Sie nun

die Gutta noch einige Minuten ruhen. Bevor Sie die Gutta auftragen, sollten Sie den ersten Strich mit Gutta auf einem Stück Küchenkrepp abstreifen, so vermeiden Sie Kleckse und dicke Punkte. Ziehen Sie mit möglichst ruhiger Hand die freien oder vorgezeichneten Linien nach. Wenn Sie bei einer Linie absetzen müssen, beenden Sie diese erst und bessern Sie sie anschließend aus, so vermei-

den Pen um ein Verkleben der Öffnung zu verhindern. Wenn die Guttalinien trocken sind, entfernen Sie mit einem feuchten Wattestäbchen die noch sichtbaren Phantomstift-Striche, da sonst weiße Ränder stehen bleiben können.

Ausmalen der Flächen

Wenn die Gutta- oder Konturmittellinien trocken sind, kann mit dem Ausmalen der Flächen begonnen werden. Achten Sie darauf, dass Sie nicht zu nass malen, sodass die Farbe nicht über die Konturenlinie läuft. Beim Ausmalen von Hell-Dunkel-Schattierungen beginnen Sie mit relativ unverdünnter Farbe. Unter Hinzunahme von immer mehr Wasser wird die Farbe heller vermischt ausgemalt. Verwenden Sie nicht zuviel Farbe oder Wasser, ansonsten haben Sie keine Kontrolle beim Malen. Streichen Sie zwischendurch den Pinsel auf einem Stück Küchenkrepp ab, wenn Sie zuviel Wasser oder Farbe im Pinsel haben.

Beim Schattieren mit zwei Farben beginnen Sie mit dem hellsten Farbton, dann erst wird die dunklere Farbe aufgetragen. Massieren sie die einzelnen Farbtöne mit dem Pinsel an den Übergängen gut ein.

den Sie zu viele Ansatzpunkte. Tragen Sie Gutta nicht auf nasse oder feuchte Seide auf, da sonst die Guttalinie nicht dicht wird. Achten Sie darauf, dass Sie durch das Ziehen weiterer Guttalinien mit Ihrer Hand die vorher gezogenen Linien nicht verwischen. Prüfen Sie, ob Ihre Linien lückenlos sind und lassen Sie diese gut trocknen. Während des gesamten Malvorgangs sollte die Gutta stets griffbereit sein, um schnell eine übersehene Lücke schließen zu können oder, wenn erforderlich, auch noch etwas hinzufügen zu können. Stecken Sie immer ein Stück Draht in

40

Anwendungsbeispiel:

Tuch mit Flaschenmotiv

Material

- ◆ Jacquard-Seidentuch, 90 x 90 cm
- ◆ Goldgutta
- ◆ Seidenmalfarben in Gold, Braun, Sand, Rotbraun, Grün, Blau, Hellblau und Gelb

Übertragen Sie die Vorlage zweimal mit dem Phantomstift auf das Seidentuch und zeichnen Sie die Goldgutta mit einem Liner (siehe Anleitung S. 39 f.) nach. Achten Sie darauf, dass Sie den ersten Strich auf einem Stück Küchenkrepp abstreifen, um Kleckse und dicke Punkte auf der Seide zu vermeiden. Die Guttalinien sollten lückenlos sein. Nach dem Trocknen der Kontur werden die Flächen gemäß der Abbildung ausgemalt.

Beim Ausmalen von Hell-Dunkel-Schattierungen beginnen sie mit relativ unverdünnter Farbe, unter Hinzunahme von Wasser wird die Farbe immer heller vermischt aufgetragen. Wenn Sie, wie bei einigen Flaschen, mit zwei Farben schattieren, beginnen Sie immer mit dem helleren Farbton, dann erst wird die dunklere Farbe aufgetragen. Massieren Sie die einzelnen Farbtöne an den Übergängen gut ein, sodass ein fließender Farbübergang entsteht.

Anwendungsbeispiel:

Orchideentuch

Material

✦ Seidentuch Pongé 6, 90 x 90 cm
✦ Gutta
✦ Seidenmalfarben in Hell- und Dunkel-
gelb, Hellgrün, Grün, Rot, Blau, Schwarz

Übertragen Sie die Vorlage mit dem Phantomstift auf das Seidentuch und zeichnen Sie mit Gutta die Kontur nach (siehe Anleitung S. 39 f.). Achten Sie darauf, dass Ihre Guttalinien lückenlos sind. Der Rand des Tuches wird ebenfalls mit Gutta eingegrenzt und, nachdem die Gutta getrocknet ist, im Farbverlauf bemalt (siehe Anleitung S. 24). Querlaufende schwarze Balken, ebenfalls mit Gutta abgegrenzt, unterteilen den Farbverlauf. Nun wird die Orchidee gemäß der Abbildung ausgemalt.

Beim Malen der Hell-Dunkel-Schattierungen wird mit relativ unverdünnter Farbe begonnen, unter Hinzunahme von Wasser wird die Farbe immer heller vermischt aufgetragen. Bei den Blütenblättern wird ebenso verfahren, zusätzlich werden hier auf das helle Gelb zarte rote Streifen gesetzt.

Anwendungsbeispiel:

Tuch mit Goldgutta und Mustern

Material

- ◆ Seidentuch Crêpe-de-Chine 8, 90 x 90 cm
- ◆ Goldgutta
- ◆ Farbverdicker
- ◆ Seidenmalfarben in Gelb, Blau, Orange, Grün, Hellgrün

Legen Sie eine Grundierung im Farbverlauf Gelb – Orange – Hellgrün an und lassen Sie die Farbe trocknen.

Anschließend wird mit Goldgutta sowie einem Gemisch aus grüner Farbe und Farbverdicker (in einem Mischungsverhältnis 1:3, siehe Seite 46) ein Muster aus Streifen, Balken und Schachbrettmuster aufgetragen, das nach dem Trocknen in den Farben Blau, Orange und Grün ausgemalt wird.

Anwendungsbeispiel:

Schal mit Kuh und Edelweiß

Material

- ◆ Seidenschal Pongé 6, 150 x 45 cm
- ◆ Silbergutta
- ◆ Seidenmalfarben in Sand, Braun, Orange, Gelb, Grün, Rot, Blau und Schwarz

Bei Verwendung eines normal großen Seidenmalrahmens muss einmal umgespannt werden. Spannen Sie erst die eine Hälfte des Schals auf, malen Sie diese erste Hälfte und spannen Sie dann den zweiten Teil auf. Übertragen Sie die Vorlage mit dem Phantomstift auf das Seidentuch und zeichnen Sie mit Gutta die Kontur nach (siehe Anleitung S. 39 f.). Achten Sie darauf, dass Ihre Guttalinien lückenlos sind.

Der Rand des Tuches wird ebenfalls mit Gutta eingegrenzt und, nachdem die Gutta getrocknet ist, mit Grün bemalt. Anschließend wird die Kuh gemäß der Abbildung ausgemalt.

Beim Ausmalen der Hell-Dunkel-Schattierungen wird mit relativ unverdünnter Farbe begonnen, unter Hinzunahme von Wasser wird die Farbe immer heller vermischt aufgetragen. Das Gras erhält einen Farbverlauf von Gelb nach Grün.

Anwendungsbeispiel:
Schal mit Herbstlaub

Material
✦ Seidentuch Crêpe-de-Chine 8, 180 x 50 cm
✦ farblose Gutta
✦ Seidenmalfarben in Sand, Grün, Weinrot und Orange

Übertragen Sie die Vorlage an jeder Seite des Schals mit dem Phantomstift auf das Seidentuch, kennzeichnen Sie sich ebenso den Rand des Schals sowie vier in Wellenlinien laufende Querbalken. Ziehen Sie mit Gutta die Konturen nach (siehe Anleitung S. 39 f.), achten Sie dabei darauf, dass die Guttalinien lückenlos sind. Nachdem die Gutta getrocknet ist, wird eine Grundierung mit den Farben Sand und etwas Orange angelegt.

Die Blätter werden mit Grün und Weinrot gemalt, wobei beim Ausmalen mit relativ unverdünnter Farbe begonnen wird und unter Hinzunahme von Wasser die Farbe immer heller vermischt aufgetragen wird.

In den Querbändern wird abwechselnd Grün und Weinrot aufgetragen, die Farbübergänge müssen gut mit dem Pinsel in die Seide einmassiert werden.

Farbverdickertechnik
(für bügel- und dampffixierbare Farben geeignet)

Mit Hilfe des Farbverdickers können Sie eine dickflüssige Farbe herstellen. Mischen Sie ca. drei Teile Verdicker mit einem Teil Farbe. Diese Farbe kann als Guttaersatz verwendet werden, dieselbe Farbmischung bietet jedoch auch andere Möglichkeiten. Füllen Sie eine Guttaflaschen mit einer Farb-Verdicker-Mischung und malen Sie Linien auf eine feste Platte. Mit einem Spachtel oder einem breiten Kamm werden nun die Linien an verschiedenen Stellen verzogen bzw. verwischt. Legen Sie anschließend den bespannten Rahmen mit der Seide nach unten auf die Platte. Lassen Sie die Farbe in die Seide eindringen und trocknen. Danach können die freien Stellen mit Seidenmalfarbe und einem Pinsel ausgemalt werden.

Anwendungsbeispiel:

Zitronentuch

Material
✦ Seidentuch Crêpe-de-Chine 8, 90 x 90 cm
✦ Farbverdicker
✦ Seidenmalfarben in Zitronengelb, Gelb, Grau, Blau, Grün, Dunkelgrün

Vermischen Sie schwarze Farbe mit Farbverdicker zu einem Konturenmittel und füllen Sie es in eine Guttaflasche (siehe Anleitung). Übertragen Sie nun zweimal die Vorlage mit einem Phantomstift auf die Seide und malen Sie sechs breite Streifen, die sich in der Mitte des Tuches treffen. Ebenso wird ein ca. 4 cm breiter Tuchrand mit dem Phantomstift markiert. Anschließend werden mit dem Farbverdicker die Konturen nachgezogen. Nach dem

Trocknen werden die Flächen ausgemalt, die Zitronen mit den beiden Gelbtönen, die Blätter in beiden Grüntönen sowie etwas Gelb und die Trauben mit dem grauen und dem blauen Farbton. Mischen Sie beim Ausmalen die Farbtöne immer etwas ab, sodass Sie Schattenwirkungen erzielen. Die Streifen, die auf die Mitte des Tuches zulaufen, malen Sie mit dem helleren Gelb aus, den Rand des Tuches mit dem dunkleren Gelb. Die kleinen Quadrate hinter den Zitronen erhalten einen zarten Grauton. Die Flächen hinter den Zitronen und zwischen den Streifen werden schließlich in einem Farbverlauf von dem dunkleren Grün über das hellere Grün bis hin zu Weiß angelegt (siehe Anleitung S. 24).

Anwendungsbeispiel:

Tuch in Gelb-Schwarz

Material

- ✦ Seidentuch Pongé 5, 90 x 90 cm
- ✦ Farbverdicker
- ✦ Seidenmalfarben in Gelb und Schwarz

Grundieren Sie die Seide in einem Farbverlauf von Hellgelb zu Dunkelgelb, wobei Sie an einer Ecke des Tuches beginnen sollten, so-dass sich der Farbverlauf über die Diagonale des Tuches zieht. Mischen Sie nun den Farbverdicker mit der schwarzen Farbe zu einem Konturenmittel und füllen Sie dieses Gemisch in eine Guttaflasche (siehe Anleitung S. 46). Malen Sie ein freies Muster mit Punkten, Streifen, breiten Balken und Schachbrettmuster mit dem Gemisch aus Farbverdicker und schwarzer Farbe auf das Tuch. Nach dem Trocknen werden die Innenfelder mit schwarzer Farbe ausgemalt.

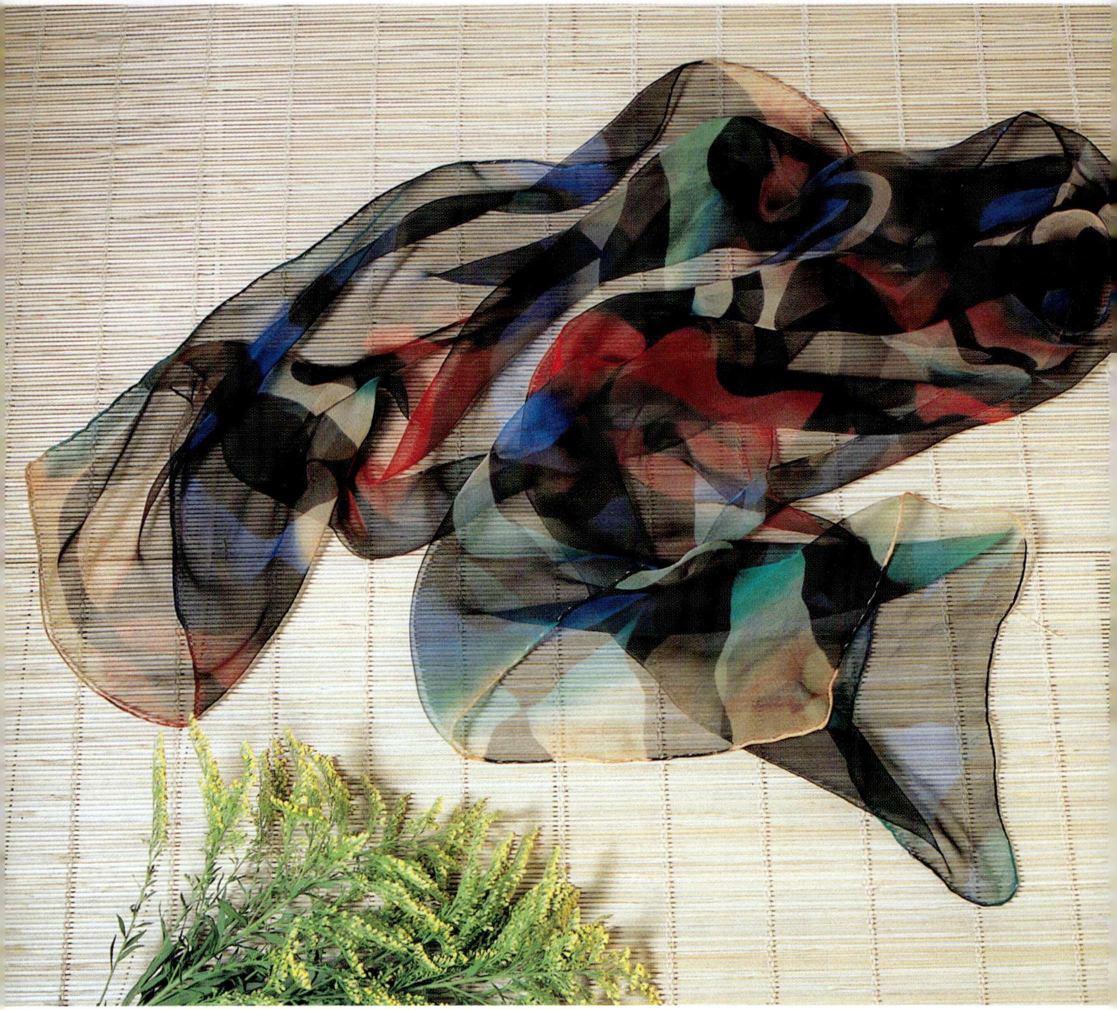

Chiffonschal

Material

- ◆ Chiffonschal 3,5, 180 x 50 cm
- ◆ Farbverdicker
- ◆ Seidenmalfarben in Schwarz, Blau, Grün, Sand, Orange und Rot

Da der Schal sehr lang ist, müssen Sie ihn erst auf der einen Seite aufspannen und bemalen und dann die zweite Hälfte aufspannen.

Bemalen Sie ihn in einem freien Verlauf mit den Farben Blau, Grün, Sand, Orange und Rot und lassen Sie die Farben trocknen. Vermischen Sie nun etwas schwarze Farbe mit Farbverdicker zu einem Konturenmittel und füllen Sie es in eine Guttaflasche (siehe Anleitung S. 46). Zeichnen Sie mit diesem Konturenmittel ein freies Muster mit Wellenlinien auf die Seide, sodass sich unregelmäßig gebildete Abgrenzungen ergeben. Einige dieser Farbflächen werden anschließend mit schwarzer Farbe ausgemalt.

Anwendungsbeispiel:
Bunte Phantasiewelt

Material
- Seidentuch Pongé 8, 90 x 90 cm
- Farbverdicker
- Seidenmalfarben in Blau, Gelb, Grün, Sand, Schwarz, Violett
- Schwamm, Kamm und Spachtel
- Seidenmalstempel (Moosgummistempel)

Bei diesem Tuch wurden alle Möglichkeiten des Arbeitens mit Farbverdicker angewendet. Füllen Sie Guttaflaschen mit einer Farb-Verdicker-Mischung in verschiedenen Farben und malen Sie kreuz und quer Linien auf eine feste Platte. Sie können für manche Linien auch nur Farbverdicker verwenden, dann bleiben diese Linien weiß. Nun werden die Linien mit einem breiten Kamm und einer Spachtel an verschiedenen Stellen verwischt. Legen Sie darauf den bespannten Rahmen mit der Seide nach unten. Lassen Sie die Farbe in die Seide eindringen und trocknen. Schneiden Sie anschließend einen Schwamm in Form eines Mondes, tupfen Sie diesen Stempel (siehe Anleitung S. 50) in ein Farbverdicker-Farbgemisch und stempeln Sie in die freien Stellen kleine Monde. Drehen Sie den Rahmen um, ziehen Sie um das Tuch einen Rand mit Farbverdickergemisch in Blau und malen Sie ihn mit sandfarbener Seidenmalfarbe aus. Ebenso werden die freien Stellen auf dem Tuch mit Farbe ausgemalt.

Stempeltechnik (für bügel- und dampffixierbare Farben geeignet)

Für die Stempeltechnik wird Farbverdicker mit der gewünschten Farbe im Verhältnis 3:1 gemischt und in einen Teller oder eine flache Schüssel gefüllt. Für das Stempeln gibt es zwei Möglichkeiten: Einerseits können Sie zugeschnittene Schwämme, andererseits fertige Seidenmalstempel verwenden.

Für die Stempel benötigen Sie zum Auftragen der Farbe eine Schaumstoffrolle. Legen Sie zum Stempeln den Rahmen mit der Seide nach unten. Tragen Sie mit der Schaumstoffrolle die Farbe auf den Stempel und drücken Sie diesen auf die Seide.

Für die zweite Variante werden aus einem relativ festen Schwamm einfache Formen wie Kreise, Dreiecke oder Quadrate ausgeschnitten. Nun werden die Schwämmchen leicht in die Farben getupft und anschließend auf die Seide gedrückt. Auch hier sollten Sie den Rahmen mit der Seide nach unten auflegen.

50

Anwendungsbeispiel:
Blütentuch

Material
✦ Seidentuch Pongé 5, 90 x 90 cm
✦ Farbverdicker
✦ Seidenmalfarben in Dunkelblau und Sand
✦ Schaumstoffrolle
✦ Seidenmalstempel (Moosgummistempel)

Grundieren Sie das Tuch (siehe Anleitung S. 38) in Sand und lassen sie es trocknen. Anschließend wird die blaue Farbe mit dem Farbverdicker (Siehe S. 46) vermischt und mit der Schaumstoffrolle auf den Stempel aufgetragen.
Der Rahmen muss mit der Seide nach unten auf dem Tisch aufliegen, sodass man den Stempel fest aufdrücken kann.
Bestempeln Sie nun das Tuch bzw. die Krawatten mit den Motiven und fixieren Sie zuletzt Ihre Seidenarbeit. (Abbildung auf S. 50)

Anwendungsbeispiel:
Tuch mit Dreiecken

Material
✦ Seidentuch Pongé 5, 90 x 90 cm
✦ Farbverdicker
✦ Seidenmalfarben in Blau, Sand, Kupfer
✦ Schwamm

Schneiden Sie sich aus einem relativ festen Schwamm Dreiecke und Vierecke aus und mischen Sie die Farben Sand und Blau, wie in der Anleitung (S. 50) beschrieben, mit Farbverdicker. Nun werden die Schwämmchen leicht in die Farben getupft und anschließend auf die Seide gedrückt. Verteilen Sie blaue und sandfarbene Dreiecke und Quadrate auf der gesamten Fläche. Nachdem die Farbe getrocknet ist, wird mit blauer Farbverdickerfarbe ein Rahmen rund um das Tuch gezogen. Malen Sie zuletzt diesen Rahmen blau aus und füllen Sie die weißen Flächen mit Seidenmalfarbe in Kupfer.

Aquarellmalen auf Seide
(am besten für dampffixierbare Seidenmalfarben geeignet)

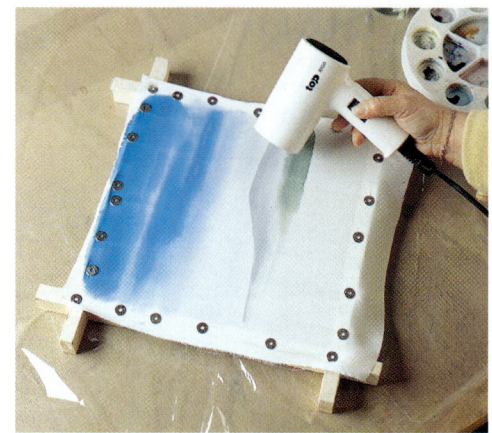

Als Aquarelltechnik bezeichnet man das freie Auftragen der Farben ohne Begrenzungsmittel. Diese Technik sollten Sie erst ausprobieren, wenn Sie schon ein wenig Erfahrung gesammelt haben. Für die Aquarelltechnik benötigen Sie nicht zu dünne Seide, am ehesten eignet sich Crêpe-de-Chine, und dampffixierbare Seidenmalfarben. Außerdem benötigen Sie Spiritus, Alkohol, Kunsthaarpinsel in verschiedenen Größen mit feiner Spitze, einen Fön, ein paar Pappteller, Küchenkrepp, einen

Phantomstift sowie Wassergläser. Spannen Sie die Seide auf den Rahmen und skizzieren Sie mit dem Phantomstift die Horizontlinie sowie die Landschaft mit Bergen, Bäumen und Gras. Beginnen Sie nun mit etwas blauer Farbe unter Zugabe von Wasser in waagerechter Richtung von oben nach unten den Himmel zu malen. Die Horizontlinie sollte fast weiß sein, so erhalten Sie den Eindruck von Tiefe im Bild. Fönen Sie nun die Seide trocken. Jetzt werden mit blaugrauer Farbe,

verdünnt mit Wasser und Alkohol, die Berg-hügel angelegt. Nehmen Sie den Fön in die linke Hand (Linkshänder in die rechte Hand) und malen Sie die Landschaft im Vorder-grund, wobei mit Hilfe des Föns die Farben getrocknet werden, sodass sie nicht mehr ver-laufen können. Nun werden auf die trockene Seide die Baumkrone sowie der Stamm und die Äste gemalt. Lassen Sie etwas grüne und schwarze Farbe auf einem Teller trocknen und malen Sie mit Hilfe von Alkohol und einem sehr feinen Pinsel die dünnen Gräser im Vor-dergrund des Bildes. Halten Sie den Fön beim Malen immer griffbereit. Wenn Sie die Seide fixiert haben, können Sie sie zum Bild aufspannen und einrahmen.

Anwendungsbeispiel:
Tuch Blumenwiese

Material
✦ Seidentuch Crêpe-de-Chine 8, 90 x 90 cm
✦ Seidenmalfarben in Grün, Schwarz, Blau, Rot, Gelb, Grün und Violett

Grundieren Sie das Seidentuch gemäß der Anleitung auf Seite 38, wobei in der Mitte des Tuches die Farbe mit Wasser verdünnt aufge-tragen werden sollte, sodass anschließend die Blumen und Gräser gut zur Geltung kom-men. Wenn das Tuch trocken ist, werden die Blumen frei in der Aquarelltechnik gemalt. Skizzieren Sie mit dem Phantomstift die Grä-ser, die Blumen und die Tiere. (Die Vorlagen auf dem Vorlagebogen dienen als Hilfestel-lung beim Skizzieren der Motive). Verdünnen Sie sich die Farben mit etwas Wasser oder Al-kohol und halten Sie einen Fön bereit. Nun werden auf die trockene Seide die Gräser, Blü-ten sowie die verschiedenen Tiere mit einem dünnen Pinsel gemalt.

Für die sehr dünnen Linien lassen Sie etwas Farbe auf einem Teller eintrocknen, die mit Hilfe von Alkohol und einem sehr feinen Pin-sel wieder angelöst werden. Halten Sie den Fön beim Malen immer griffbereit, sodass die Farben nicht ineinander laufen. Wenn Sie die Seide fixiert haben, können Sie sie zum Bild aufspannen.

Malen auf transparenter Klebefolie
(nur für bügelfixierbare Farben geeignet)

Diese Technik gibt der Seide den nötigen Halt durch die transparente Klebefolie, die auch nach dem Arbeiten nicht abgezogen wird. Das Arbeiten mit transparenter Klebefolie eignet sich somit für die Herstellung von Grußkarten, Bildern oder Fensterbildern mit einem Fotokartonrahmen.

Spannen Sie die Seide mit Klebeband auf eine feste Unterlage, ziehen Sie das Schutzpapier von der Folie und kleben Sie diese vorsichtig auf die Seide. Nun wird die Folie, mit der Seide nach oben, mit Klebeband auf eine feste Unterlage gespannt. Wenn nötig, kann die Motivvorlage dazwischen geschoben werden. Nun werden die Konturenlinien mit Gutta oder Konturenmittel gemalt und anschließend die Farbe aufgetragen. (Siehe Anleitung S. 39 f.). Da es sich um Bilder oder Karten handelt und die bügelfixierbare Farbe auch ohne das Bügeln kaum mehr verändert werden kann, entfällt das Fixieren. Die so entstandenen Bilder werden mit einem Passepartout eingerahmt. Bei Grußkarten wird die Seide zwischen die Innenteile der Karten geklebt.

Aquarellieren der Seide auf einer Glasplatte
(für dampffixierbare Farben geeignet)

Mit dieser Malweise lassen sich sehr feine Arbeiten herstellen. Spannen Sie ein Stück Seide – am besten eignet sich Crêpe-de-Chine – mit Hilfe von Klebestreifen auf eine Glasplatte. Lassen Sie auf einigen Papptellern verschiedene Farben eintrocknen. Diese Farben werden zum Malen mit Alkohol, Spiritus oder Wasser wieder angelöst. Mit dieser Methode lassen sich sehr feine Linien malen. Die schwarze Farbe spielt bei dieser Technik eine besondere Rolle, mit ihr können die Linien markant nachgezogen und Dunkelwerte für die Tiefe des Bildes erzielt werden. Nach dem Fixieren wird das Bild gerahmt.

Gestaltungsideen mit Seide

Kissen

Material

- 1 Kissen, Habatoi 8, 40 x 40 cm
- schwarze und farblose Gutta
- Seidenmalfarben in Blau, Gelb, Grau, Violett, Grün, Hellgrün

Zeichnen Sie mit dem Phantomstift Blätter über die Fläche verteilt auf das Seidenkissen und malen Sie diese mit schwarzer und farbloser Gutta nach (siehe Anleitung S. 39 f.). Achten Sie darauf, dass Sie den ersten Strich auf einem Stück Küchenkrepp abstreifen, um Kleckse und dicke Punkte auf der Seide zu vermeiden. Die Guttalinien sollten lückenlos sein. Nach dem Trocknen der Kontur werden die Flächen gemäß der Abbildung ausgemalt. Beim Ausmalen eines Blattes wird mindestens mit zwei Farben gemalt. Beginnen Sie immer mit dem helleren Farbton, dann erst wird die dunklere Farbe aufgetragen. Massieren Sie die einzelnen Farbtöne an den Übergängen gut ein, sodass ein fließender Farbübergang entsteht. Die Rückseite des Kissens wurde mit demselben Motiv bemalt.

Tischset

Material

- 1 Tischset, Habatoi 10, 33 x 45 cm
- Farbverdicker
- Seidenmalfarben in Schwarz, Blau, Gelb, Sand

Übertragen Sie die Vorlage mit einem Bügelmusterstift oder einem Phantomstift. Mischen Sie die schwarze Farbe mit Farbverdicker (siehe Anleitung S. 46) und malen Sie die Konturen des Fisches mit dieser Mischung. Nun wird der Fisch gemäß der Abbildung ausgemalt.

Mischen Sie für die dunkleren Partien des Fisches etwas schwarz zu der gelben Farbe, so erzielen Sie auch Schattierungen des Körpers und an den Flossen.

Für das Wasser wird großzügig blaue Farbe mit dem Pinsel aufgetragen, mit Wasser verdünnt entstehen die helleren Partien.

T-Shirt

Material

- ◆ 1 T-Shirt, Crêpe Satin 12 (mit offenen Seitennähten)
- ◆ Goldgutta
- ◆ Seidenmalfarben in Blau, Dunkelblau, Grün

Legen Sie eine Schutzfolie auf den Tisch. Aus einer Höhe von ca. 30 cm lassen Sie aus einem Guttafläschchen die Goldgutta willkürlich auf die Folie laufen. Breiten Sie anschließend das T-Shirt auf der Folie aus und lassen Sie die Gutta in die Seide eindringen. Wenn die Gutta getrocknet ist, kann das T-Shirt mit den drei Farben bemalt werden. Nach dem Trocknen wird das T-Shirt fixiert und gewaschen, anschließend kann das T-Shirt zusammengenäht werden.

Haarschleife

Material
◆ Haarschleife mit Haarspangenrohling
◆ Seidenmalfarben in Blau und Grün

Haarschleifen gibt es im Fachhandel fertig zu kaufen, Sie können aber auch einen Haarspangenrohling selbst mit einer Schleife dekorieren. Legen Sie die Schleife auf Ihre Malunterlage und bemalen Sie die Seide mit den beiden Farben sehr zügig, damit keine Trockenränder entstehen können. Die Farbe muss nach dem Trocknen nicht fixiert werden.

Brosche und Gürtelschnalle

Material
◆ Seidenstoffreste
◆ Farbverdicker
◆ Silberglitter
◆ verschiedene Seidenmalfarben
◆ Sprühkleber
◆ Schere

Für Broschen und Gürtelschnallen können Sie entweder kleinere Stoffreste, die schon bemalt wurden, verwenden, oder Sie bema-

len ein kleines Stück Seide in den von Ihnen gewünschten Farben. Nehmen Sie die Einlegeplatine aus dem Broschenrand heraus und suchen Sie einen geeigneten Ausschnitt auf dem Seidenrest. Wichtig ist, dass ein entsprechend großer Stoffrand stehen bleiben muss, der für die Weiterverarbeitung notwendig ist. Schneiden Sie mit der Stoffschere die Seide so zurecht, dass ein Stoffrand stehen bleibt. Sprühen Sie nun auf die Platine Sprühkleber

auf, lassen Sie ihn etwas antrocknen und legen Sie dann die Seide glatt oder in Falten auf und drücken Sie sie an. Kleben Sie den Rand auf der Rückseite ebenfalls an. Nun legen Sie die mit Seide bespannte Platine in den Rand und diesen auf die Trägerplatte. Vorgestanzte Löcher und kleine Dorne an der Fassung bilden die Halterung für die Seidenplatine. Zuletzt können Sie die Brosche noch mit etwas Silberglitter verzieren.

Krawatten

Material
✦ 2 Krawatten Pongé 10 (oder Crêpe-de-Chine)
✦ Farbverdicker
✦ Seidenmalfarben in Dunkelblau und Sand
✦ Schaumstoffrolle
✦ Seidenmalstempel (Moosgummistempel)

Krawatten werden vor dem Bemalen nicht gewaschen. Grundieren Sie die Krawatten in der hellbeigen Farbe und lassen sie diese trocknen. Anschließend wird die blaue Farbe mit dem Farbverdicker vermischt und mit der Schaumstoffrolle auf den Stempel aufgetragen (siehe Anleitung Seite 50). Bestempeln Sie nun die Krawatten mit den Blütenmustern und fixieren Sie zuletzt Ihre Seidenarbeit. Zum Waschen der Krawatte wird diese auf die Hand aufgerollt, so vorsichtig in einer Waschlauge gewaschen und anschließend gut ausgespült. Zum Ausspülen verwenden Sie etwas Essig und keinen Weichspüler. Legen Sie nun die Krawatte der Länge nach auf ein Handtuch und rollen Sie das Handtuch ein. Dann wird die Krawatte mit dem Handtuch leicht gedrückt. Ziehen Sie anschließend das Vlies gut glatt und hängen Sie die Krawatte zum Trocknen auf. Wenn die Seide fast trocken ist, wird die Krawatte einmal auf der Vorderseite, einmal auf der Rückseite und noch einmal auf der Vorderseite gebügelt.

Fensterbild

Material

- 1 Fensterbild, 20 cm Ø
- schwarzes Konturenmittel
- bügelfixierbare Seidenmalstifte in Weinrot, Gelb, Orange, Blau, Grün

Legen Sie das Fensterbild so auf Ihre Malunterlage, dass die Seide nach oben liegt. Die Vorlage sollte unter dem Fensterbild liegen, sodass Sie direkt die Konturen mit Gutta auftragen können. Malen Sie nun mit den Seidenmalstiften den Hahn gemäß der Abbildung aus. Bei Fensterbildern ist ein Fixieren der Farben nicht nötig.

Grußkarte Teddybär

Material
✦ Seide, Crêpe-de-Chine, 8 x 12 cm
✦ Goldgutta
✦ Seidenmalfarben in Blau, Weinrot, Gelb, Braun
✦ transparente Klebefolie
✦ Klebeband
✦ Passepartoutkarte

Spannen Sie die Seide wie in der Anleitung auf Seite 54 beschrieben auf, übertragen Sie den Bären vom Vorlagebogen und malen Sie die Konturenlinien mit Goldgutta nach.
Malen Sie nun den Teddybären gemäß der Abbildung aus. Kleben Sie zum Schluss die Seide mit der Klebefolie hinter eine Passepartoutkarte.

Tipp: Zum Ausmalen des Teddybären können Sie auch Seidenmalstifte verwenden.

Grußkarte Papagei

Material
✦ Seide, Pongé 8, 8 x 12 cm
✦ schwarze Gutta
✦ bügelfixierbare Seidenmalstifte in Blau, Rot, Grün, Violett, Gelb und Braun
✦ transparente Klebefolie
✦ Klebeband
✦ Passepartoutkarte

Spannen Sie die Seide mit Klebeband auf eine feste Unterlage und kleben Sie die Klebefolie vorsichtig auf die Seide (siehe Anleitung S. 54). Nun wird die Folie, mit der Seide nach oben, auf eine feste Unterlage geklebt und die Motivvorlage dazwischen geschoben. Tragen Sie die Konturenlinien mit schwarzer Gutta auf und malen Sie anschließend mit den Seidenmalstiften den Papagei gemäß der Abbildung aus. Kleben Sie zum Schluss die Seide samt der Klebefolie hinter eine Passepartoutkarte.

Bild mit Blume

Material

- Seide, Crêpe-de-Chine, 30 x 25 cm
- schwarze und goldfarbene Gutta
- bügelfixierbare Seidenmalfarben in Blau, Weinrot, Sand, Braun und Grün
- transparente Klebefolie
- Klebeband

Spannen Sie die Seide mit Klebeband auf eine feste Unterlage und kleben Sie die Klebefolie vorsichtig auf die Seide (siehe Anleitung S. 54). Nun wird die Folie, mit der Seide nach oben, mit Klebeband auf eine feste Unterlage gespannt und die Motivvorlage dazwischen geschoben.

Tragen Sie die Konturenlinien mit schwarzer und goldfarbener Gutta auf und malen Sie anschließend gemäß der Abbildung die Blüten und Blätter aus. Da es sich um ein Bild handelt, entfällt das Fixieren. Auf das so entstandene Bild wird ein Passepartout gelegt und das Bild samt Passepartout eingerahmt.